U0793586

乡村振兴
新时代三农政策

许晓东　刘占军　主编

中国农业科学技术出版社

图书在版编目(CIP)数据

乡村振兴新时代三农政策 / 许晓东，刘占军主编. --北京：中国农业科学技术出版社，2023.6 (2025.2 重印)

ISBN 978-7-5116-6320-7

Ⅰ.①乡… Ⅱ.①许… ②刘… Ⅲ.①三农政策-研究-中国 Ⅳ.①F320

中国国家版本馆 CIP 数据核字(2023)第 111790 号

责任编辑 白姗姗
责任校对 李向荣
责任印制 姜义伟　王思文

出 版 者 中国农业科学技术出版社
北京市中关村南大街 12 号　　邮编：100081
电　　话 (010) 82106638 (编辑室)　(010) 82109702 (发行部)
(010) 82109709 (读者服务部)
网　　址 https://castp.caas.cn
经 销 者 各地新华书店
印 刷 者 北京虎彩文化传播有限公司
开　　本 140 mm×203 mm　1/32
印　　张 7
字　　数 201 千字
版　　次 2023 年 6 月第 1 版　2025 年 2 月第 3 次印刷
定　　价 36.00 元

《乡村振兴新时代三农政策》
编 委 会

前　言

党的二十大着眼于全面建设社会主义现代化国家全局，对全面推进乡村振兴作出了新的部署。这是党的乡村振兴战略的继续发展，是在乡村发展取得重大成就基础上对乡村振兴的接续推进，是要在全面建设社会主义现代化国家新征程上全面推进乡村振兴。

本书围绕乡村振兴战略，探讨了新时代乡村应如何发展的问题。书中共9章，包括：乡村振兴战略的概述；抓好粮食和农业生产，确保稳定安全供给；加强农业科技和装备支撑，奠定农业强国建设基础；拓展脱贫攻坚成果，增强内生发展动力；加强农业资源保护和环境治理，推进农业绿色转型；培育壮大乡村产业，拓宽农民增收致富渠道；改善乡村基础设施和公共服务，建设美丽乡村；积极稳妥深化农村改革，激发农村发展活力；强化保障，落实全面推进乡村振兴各项任务等内容。

希望本书能适用于高素质农民培训、教学等方面，并通过不断加强农、林、牧、渔业的政策引导，提高广大农民群众的法律意识。

编　者

2023年5月

目　录

第一章　乡村振兴战略的概述

乡村振兴是实现中国特色社会主义现代化强国的大战略，是实现第二个百年奋斗目标的基础性工程，是我国“三农”工作的总抓手。乡村振兴直接关系到14亿多中国人的“饭碗”能否牢牢端在自己手里的根本问题。

第一节　乡村振兴战略的科学内涵

习近平总书记在党的二十大报告中再次对推进乡村振兴作出了深刻论述和全面部署。党的二十大报告对于乡村振兴的论述，内容全面、言简意赅，既论述了推进乡村振兴在全面建设社会主义现代化国家全局中的地位、作用和意义，又全面部署了当前推进乡村振兴必须抓紧落实的各项主要任务，为各行各业在推进乡村振兴中如何找准自己的位置并做出贡献，提供了明确的指导方针和基本遵循。

党的二十大报告首先明确指出，“全面建设社会主义现代化国家，最艰巨最繁重的任务仍然在农村。”这就再次阐明了习近平总书记曾指出的“民族要复兴，乡村必振兴”的深刻道理和内在逻辑。只有真正领会明白了这个事关党和国家事业全局的道理，才能把乡村振兴真正摆上议事日程。随后提出，“坚持农业农村优先发展，坚持城乡融合发展，畅通城乡要素流动。”这是新时代处理工农、城乡关系的准则。

一、坚持农业农村优先发展

这是党中央提出实施乡村振兴战略的总方针。因为城乡发展不平衡、农村发展不充分是当前我国社会主要矛盾的突出反映，因此必须把农业农村优先发展作为全面建设社会主义现代化国家进程中的重大方针来遵循，这样才能加快补齐经济社会发展中的农业这条短腿、农村这块短板，尽快实现工业化、信息化、城镇化、农业现代化同步发展。

二、坚持城乡融合发展

这是实现乡村振兴的根本途径。只有打破城乡分隔的二元结构，才能使乡村摆脱在经济社会发展中被边缘化的窘境，使乡村获得与城镇同等重要的地位，在国家现代化建设进程中，发挥好乡村不可替代的特有功能，实现乡村应有的价值。

三、畅通城乡要素流动

这既是打破城乡二元结构的重要手段，更是实现乡村振兴的重要条件。在强调工业和城镇优先发展的背景下，乡村的土地、资金、劳动力等生产要素长期处于单向流往城镇的境地，而要素持续流失，就是造成乡村发展不充分甚至凋敝的一大根源。

因此，在全面建设社会主义现代化国家的新时代，着力营造使资金、技术、人才从城镇流向乡村的环境和条件，不仅是城镇反哺乡村的责任和使命，更是培育新的投资和经济增长点，加快构建以国内大循环为主体、国内国际双循环相互促进发展的新发展格局的迫切需要。

第二节　乡村振兴战略的五大振兴

党的二十大报告在论述了乡村振兴在国家现代化建设全局中的地位和在工农、城乡总体布局中的位置后，报告明确提出了乡村振兴的总要求和总目标，即“加快建设农业强国，扎实推动乡村产业、人才、文化、生态、组织振兴”。

在这里，“五大振兴”是总要求，而“加快建设农业强国”是总目标。乡村振兴必须是全面振兴，不能搞“一俊遮百丑”，只有在产业、人才、文化、生态、组织五方面都实现了振兴，才是真正实现了乡村振兴。

而乡村振兴的根本目的，也就是总目标，是加快建设农业强国。这个总目标的提法，比党的十九大报告中的提法有了新的升华。党的十九大报告提的是“加快农业农村现代化”；而党的二十大报告提的是“加快建设农业强国”。之所以有这个变化，是因为我们看到，世界上一些已经实现了农业农村现代化的国家，但却并不是农业强国，在国计民生的不少基本问题上，还不得不受制于人。真正的农业强国，在世界上则是屈指可数。对于我们这样一个有着 14 亿多人口的大国来说，如果不建成农业强国，在吃饭问题上还会被人“卡脖子”，那么我国对自身的现代化建设就会难以真正掌握主动权。我们不追求什么都自给自足，但在吃饭问题上必须保证我们的自由，这就必须把我国建设成农业强国。在当前复杂严峻的国际形势下，要按照总书记在党的二十大报告中提出的要求，“我们必须增强忧患意识，坚持底线思维，做到居安思危、未雨绸缪，准备经受风高浪急甚至惊涛骇浪的重大考验。”因此必须守住农业基本盘，守好“三农”基础这个应变局、开新局的“压舱石”。

在对乡村振兴的重要性、必要性、紧迫性作了全面论述之后，党的二十大报告对乡村振兴在当前和今后一个时期的主要任务做出了全面部署。

一是全方位夯实粮食安全根基，确保中国人的饭碗牢牢端在自己手中（包括树立大食物观、构建多元化食物供给体系等）。

二是发展乡村特色产业，拓宽农民增收致富渠道。

三是巩固拓展脱贫攻坚成果，增强脱贫地区和脱贫群众内生发展动力。

四是统筹乡村基础设施和公共服务布局，建设宜居宜业和美乡村。

五是巩固和完善农村基本经营制度，深化农村土地制度改革。

六是完善农业支持保护制度，健全农村金融服务体系。

第三节　科学制定乡村振兴发展规划

乡村振兴不是一个政治口号，不是一项短期工作。乡村振兴是乡村经济、社会、文化、生态和乡村治理的全面振兴，是一项长远性、战略性、全局性、复杂性和艰巨性的社会系统工程，推动乡村振兴必须科学制定乡村振兴规划，充分发挥科学规划的统领作用。

一、耕地和永久基本农田保护

根据2021年自然资源部、农业农村部、国家林业和草原局发布的《关于严格耕地用途管制有关问题的通知》，全面实施耕地用途管制，加强耕地和永久基本农田保护。一是严格落实永久基本农田特殊保护制度。各地要结合遥感监测和国土变更调查，全面掌握本区域内永久基本农田利用状况。二是严格管控一般耕地转为其他农用地。三是严格永久基本农田占用与补划。已划定的永久基本农田，任何单位和个人不得擅自占用或者改变用途。非农业建设不得“未批先建”。能源、交通、水利、军事设施等重大建设项目选址确实难以避让永久基本农田的，经依法批准，应在落实耕地占补平衡基础上，按照数量不减、质量不降原则，在可以长期稳定利用的耕地上落实永久基本农田补划任务。四是改进和规范建设占用耕地占补平衡。非农业建设占用耕地，必须严格落实先补后占和占一补一、占优补优、占水田补水田，积极拓宽补充耕地途径，补充可以长期稳定利用的耕地。五是严肃处置违法违规占用耕地问题。党的二十大也明确提出“逐步把永久基本农田全部建成高标准农田”的要求。

二、农村生态保护

生态文明建设是我国“五位一体”总体布局的重要组成部分，农村生态文明建设起步晚、潜力大、发展前景广阔，是我国生态文明建设的主战场，也是我国生态文明建设的薄弱环节。平原、山区、丘陵的生态保有量、生态短板、生态发展潜力存在巨大差距，客观需要各乡镇、村（社）根据自身的生态保有量和生态短板，因地制宜、突出特色，全面贯彻中央确定的“生态保护红线”，制定生态保护发展规划，有序推进生态文明建设。

首先，科学制定生态保护的近期、中期、远期目标，近期以解决和克服当地生态短板、推进生态恢复性发展为主，中期以科学构建生态系统架构、促进生态系统良性发展为主要目标，远期要按照“五位一体”总体布局的总要求和“生态保护红线”的具体要求，以实现生态系统自我净化、自我优化为主要发展目标。

其次，明确乡镇开发建设、耕地和永久基本农田保护的生态总要求，建立起“生态规范性”审核的科学体系，完善生态保护的制度体制和工作机制。

最后，科学制定生态保护的主要内容和任务。把中低产田土改造生态化、植被保护和水土流失治理、荒山荒地荒坡荒滩生态化开发、林地恢复和开发、立体农业发展等纳入生态保护规划，有序推进。

三、乡镇开发建设

改革开放以来，工业化和城市化的快速推进，我国城镇开发也迎来了一个高速发展时期。城镇开发建设边界不清、主观随意性大、重开发轻建设、土地闲置和生态破坏现象突出。为了确保城镇开发建设的科学规范和可持续发展，中央明确提出了“城镇开发边界”控制线。

1. 合理确定城镇建设用地规模和城镇开发边界

结合生态保护红线和永久基本农田控制线划定，以城镇开发建设现状为基础，依据国土空间规划确定的建设用地控制指标确定城镇建设用地规模，并按照集约适度、绿色发展要求，科学规划城镇总体空间格局，确定城镇集中建设区规模，同时综合考虑一定比例的弹性发展区、特别用途区等，合理确定城镇开发边界。

2. 分级划定城镇开发边界

在市县国土空间总体规划中分级划定城镇开发边界。其中，市级国土空间总体规划划定市级中心城市的城镇开发边界，划定市域内其他重点城市的城镇开发边界。

县级国土空间总体规划在市级规划划定的基础上，因地制宜划定县域内各城镇的开发边界，并通过乡镇级国土空间总体规划落实坐标界线。

3. 保障城镇开发边界划定质量

在市县国土空间总体规划中，应当将规划期内可进行城镇发展的区域纳入城镇开发边界，并确保集中连片、形态合理。城镇开发边界应当避让重要生态功能，不占或少占永久基本农田。

为完善城镇功能，提升人居环境品质，在保证生态功能的系统性和完整性的前提下，可将与城镇关系密切的公园绿地、防护绿地等地域空间划入城镇开发边界。

4. 加强城镇开发边界管控

城镇开发边界一经划定，规划期内原则上不得调整，因国家重大战略实施等原因确需调整的，须报国土空间规划原审批机关审批。

第四节 乡村振兴战略的实施路径

一、完善农村基础设施，提高公共服务水平

首先，完善农村地区的交通运输网。一方面加强农村地区和城区的交通建设，密切城乡经济往来，打破二元化；另一方面加快农村高速公路的设计与施工，改善农村的物流交通，提高农村经济活跃度。

其次，经济发展离不开网络信息技术的支持，一方面要快马加鞭加强农村地区网络普及，将经济发展前沿信息快速传递到农村，使农民也能准确把握经济发展方向；另一方面解决地理条件对农村网络建设的限制问题，鼓励专业技术人员下乡，帮助农村摆脱网络盲区的困境。

最后，经济发展离不开金融资本的辅助。在进一步扩大金融服务机构在乡村的覆盖面的同时，国家要支持金融机构给予农村更多政策性优惠，给予农村中小型企业提供资金和融资渠道。另外，政府要综合运用补助、税收等优惠政策促进农村发展，最大限度地吸引资本要素向农村倾斜。

二、以产业兴旺为重点，推动农业高质量发展

首先，改变传统的高施肥量、高剂量农药、大水漫灌等传统粗放的农业生产模式，有关机构要积极进行农业技术创新研发并定期到农村开设农业技术知识课堂，培育新时代新型职业农民。

其次，不同地区农村的自然条件和资源禀赋优势不同，按照不同地区农业特色发展相适应的产业，有市场导向性地进行高附加值高质量的农产品加工，打造自己的特色品牌，实现农作物到农产品由量变向质变的飞跃，同时运用好现代信息技术和现代物流条件，开展农村电商业务，线上宣传提高知名度，线下订单快速物流配送，线上线下一体化经营。

最后，开发农村自然生态环境资源，培养绿色旅游业，引进服务业等第三产业，实现农民收入多元化，农村经济多元化。

三、以治理有效为基础，维护农村和谐稳定

首先，建设过硬的领导班子，优秀的村干部能够深得百姓的信任爱戴，能更好地动员集体、凝聚力量建设先进农村，引进高素质、高领导才能的村干部，这就要求当地政府部门要给予积极的人才引进政策，吸引本地大学生回乡，提高农村地区的吸引力。

其次，定期由上级委派人员下乡传达新时代党的方针政策以及党的先进思想，保持农村干部队伍的先进性、纯洁性。上级部门要监督乡村振兴战略的实施和乡村领导人政策落实的执行力，确保乡村振兴战略真正惠及每一位老百姓。

最后，接受百姓监督，定期进行选举换届工作，完善乡村自治体系，充分发挥老百姓代表的选举权和被选举权，选出真正代表百姓利益，为百姓幸福着想的好领导班子。

(一) 补齐人才短板，建立高素质“三农”队伍

首先，为农村创造吸引人才的条件，提高经济待遇和政治待遇等，吸引受过高等教育的高素质青年积极投入我国的乡村振兴相关工作中，尤其是从农村地区走出去的优秀人才，鼓励他们回乡投入家乡建设工作中。相关高校对人才的培养要进行乡村振兴战略思想的贯彻，培育当代大学生对乡村振兴战略的责任感和使命感。

其次，鼓励号召有能力的乡村企业家作为乡村振兴的领头人带领群众脱贫致富，支持有能力的群众回乡创业。

最后，对广大农民进行专门的职业技能培训，发挥个体优势，通过专人培训的方式培育新时代职业农民，培育农业高效生产人才和农村企业优秀技术工人，提高农村百姓的生存技能，使得百姓都有自己的“铁饭碗”，靠自己的双手建设美丽繁荣的家园。

(二) 打造绿色农业，建设绿水青山新农村

首先，改造传统的农作物培育方式，从源头摒弃落后的农业生产方式，引进绿色现代高科技的农业生产工具，形成生态绿色的产业模式，进行资源化生态循环，变废为宝，使整个农业生产过程清洁化。

其次，整合农村地区的生态资源，例如农村地区的江、河、湖、湿地等，一方面禁止生活废弃物的排入，尤其是生活污水的大量随意排放；另一方面要加快修复已经被破坏的生态区域。

最后，要建立一套严格的农村生活生态环境相关的监管奖惩制

度，向村民普及垃圾分类相关知识，在村里进行初步的垃圾分类，以使村民养成良好的生态保护意识，对乡容乡貌定期进行检查，将奖惩落实到每家每户，激励每家每户为绿水青山新农村的建设做出贡献，使得我国乡村地区生态焕发新活力。

第二章 抓好粮食和农业生产，确保稳定安全供给

第一节 全力以赴夺取粮食丰收

一、千亿斤粮食产能提升行动

2009 年，我国就提出过一次全国新增 1 000 亿斤[①]粮食产能规划，即《全国新增 1 000 亿斤粮食生产能力规划（2009—2020 年）》，该目标规划包括：到 2020 年，全国粮食生产能力达到 5 500 亿千克以上；全国耕地保有量不低于 18 亿亩[②]，确保基本农田面积 15.6 亿亩。2020 年，我国粮食总产量为 13 390 亿斤，耕地总面积为 19.18 亿亩。

2022 年，全国粮食播种面积 17.75 亿亩，全国粮食总产量 13 731 亿斤。2022 年底，中央农村工作会议明确提出，我国要实施新一轮千亿斤粮食产能提升行动。将重点做好稳面积、稳产量，确保粮食面积稳定在 17.7 亿亩以上、粮食产量继续保持在 1.3 万亿斤以上；扩大豆、扩油料；提单产、提自给率，力争玉米示范田亩产提高 100 千克以上、食用植物油自给率提高 1 个以上百分点。

（一）实施“千亿斤粮食产能提升”行动对我国农业发展具有重要意义

首先，从国内环境来看，之前是粮食总量不足的问题，因此，要提高总的粮食产量。而现在，是部分粮食产能不足的问题。例如，水稻和小麦等主粮品种，粮食产能是完全没有问题的，但是大豆和玉米

---

① 1 斤＝500 克。

② 1 亩≈667 平方米。

的缺口仍然比较大。所以，现在面临的不仅是总量不足的问题，还面临结构性短缺的矛盾，而要解决结构性矛盾，就必须在新的起点上把产能，尤其是大豆和玉米品种的产能挖掘出来。农业受自然环境的制约明显，极端气候、病虫害的发生情况与粮食产量息息相关。加强应对各种灾害，减少粮食损失是保障粮食产量、提升粮食产能的重要途径。

其次，全球粮食价格不仅体现的是供求关系，还有更多的金融属性，包括在2022年美元持续加息后各个国家汇率的剧烈波动，以及和粮食生产息息相关的原油、天然气、化肥价格等。所以，粮食安全问题是一个综合安全问题，面对这样的环境，必须提升自身粮食产能。

（二）千亿斤粮食提升行动的实施

1. 建设高标准农田及改良盐碱地

未来中国经济将进入高质量发展阶段，并且城镇化水平推进的速度将会加快，在这种情况下，必须持续推进高标准农田建设，目前我国已经建成了10亿亩高标准农田。除此之外，还有众多的中低产田需要提升潜能，如果将这些中低产田也改造成高标准农田，我们的产能就会更高。另外，我国有近15亿亩盐碱地，其中，近1.5亿亩的盐碱地具有开发利用的潜力，盐碱地开发也是我们实现粮食增产增收的主要目标，目前已经实现了在盐碱地上种植水稻和大豆，我国的盐碱地改良已经走向产能提升和生态保护相结合的新发展阶段。

2. 良种改良

丰收离不开“藏粮于技”，我国十年累计培育出950个粮食品种，这些自主研发的种子将丘陵山地、寒旱干地、盐碱地的增产潜力充分挖掘了出来，据统计，良种对增产的贡献率已经超过45%。

二、要稳定面积、提高单产

2023年中央一号文件提出，“确保全国粮食产量保持在1.3万亿斤以上”。这是稳产增产的明确要求，意味着粮食生产的面积要稳定、同时产量要提高。

一方面，要有合理布局，主产区、主销区、产销平衡区都要保面积、保产量。

另一方面，要做到各地积极行动，严禁耕地撂荒，坚决遏制耕地“非农化”、防止“非粮化”，确保粮食播种面积只增不减，把粮食生产责任分解到每一个田头地块。

同时，要加强高标准农田建设，完成高标准农田新建和改造提升任务，重点补上土壤改良、农田灌排设施等短板，真正实现旱涝保收、高产稳产。有了面积，产量才有保证，希望的田野上才能孕育新的丰收。

三、严防“割青毁粮”

2023 年中央一号文件明确指出要严防“割青毁粮”，这在中央一号文件的历年内容中还是首次出现。“割青毁粮”就是把未成熟作物做成青贮饲料的现象。中央一号文件提出严防“割青毁粮”，一方面体现出国家对粮食安全工作的高度重视，体现出粮食安全对国家社会经济发展的重要程度，同时提醒饲料商提前做好储备规划；另一方面，也体现了国家对广大农民和农业科技工作者辛勤劳动的尊重。

（一）大力发展青贮饲料

2023 年中央一号文件提出“大力发展青贮饲料”，一方面是由青贮饲料本身的特点决定的，青贮饲料由水分较多的植物性饲料经密封发酵而成，包括一般性青贮、半干青贮和添加剂青贮，主要用来喂养反刍动物。这类饲料能有效保存青绿植物中的营养成分，提高饲料的适口性，且受天气因素影响较小，冬春季节也能为家畜提供青绿多汁的饲料，从而提高动物的生产性能。另一方面，发展青贮饲料主要还是以构建多元化食物供给体系和“大食物观”为指导，根据各地资源禀赋，宜粮则粮，宜牧则牧，既要满足口粮需求，也要满足饲用需求，防止“人畜争粮”。

（二）构建多元化食物供给体系

在关注青贮饲料的同时，2023 年中央一号文件还提出，“建设优质节水高产稳产饲草料生产基地，加快苜蓿等草产业发展”。

目前我国草产品结构和种植模式较为单一，市场上常见的饲草料产品主要是草颗粒、草块、草捆、草粉等初级产品，使用效率和附加值都较低，再加上国内饲草料收货、调制、加工等技术也较为落后，饲草料自然无法得以有效发展，每年都得从国外进口大量优质饲草。

不论是大力发展青贮饲料，还是加快苜蓿等草产业发展，在 2023 年中央一号文件中，这些目标任务都被置于“构建多元化食物供给体系”要求之下。保障粮食安全，一要稳住面积，二要提升产能，另外还要树立大食物观，分领域制定方案，加快构建多元化食物供给体系，丰富食物品种来源。

树立大食物观，要充分利用盐碱地、坡地、旱地、沙土地等丰富的土地资源，在全国适宜区域全面实施“粮改饲”，种植苜蓿、青贮玉米、燕麦、狼尾草等多种草本和木本高产高蛋白优质饲料品种，建设高标准优质饲料生产基地。此外，还可以综合利用食品工业等产生的大量玉米渣、甘蔗渣、咸蛋清等副产品，拓宽饲料资源，持续提升动物产能产量，从而满足人们的饮食需求。

四、深入开展绿色高质高效行动

绿色高质高效行动既是综合技术的集成，也是管理方式的创新转变。主要任务是，示范推广高产高效、资源节约、生态环保技术模式，推进规模化种植、标准化生产、产业化经营，增加优质绿色农产品供给，引领农业生产方式转变，提升农业供给体系的质量和效率。

2022 年，中央财政继续支持开展绿色高质高效行动，全面落实藏粮于地、藏粮于技战略要求，以绿色发展为导向，以稳产高产、优化供给、提质增效、农民增收为目标，聚焦主产区和优势作物，选择一批生产基础好、产业带动能力强的县，选择水稻、小麦、玉米、大豆、薯类、油菜、花生、小宗粮油等品种，以及棉花、甘蔗、水果、蔬菜、茶叶等经济作物，集成技术、挖掘潜力，提高品质、示范带动，推进规模化种植、标准化生产、产业化经营，引领生产方式转变，持续提升我国农业综合生产能力和市场竞争力。

五、持续推进机收减损

当前我国水稻、小麦、玉米机收率分别达到94%、98%、79%，主粮作物收获已基本实现机械化，机收减损是降低农业生产环节损耗浪费、增加粮食产量的重要措施。

2021年，中共中央办公厅、国务院办公厅印发《粮食节约行动方案》，明确提出“减少田间地头收获损耗。着力推进粮食精细收获，强化农机、农艺、品种集成配套，提高关键技术到位率和覆盖率。制定修订水稻、玉米、小麦、大豆机收减损技术指导规范，引导农户适时择机收获。鼓励地方提升应急抢种抢收装备和应急服务供给能力。加快推广应用智能绿色高效收获机械。将农机手培训纳入高素质农民培育工程，提高机手规范操作能力。”

当前和今后一段时期，各级农业农村部门要抓紧粮食生产的工作部署，牢固树立“减损就是增产”意识，将机收减损作为粮食生产机械化工作的重中之重常抓不懈。要坚持问题导向和目标导向，立足当前、着眼长远，紧紧围绕收获机械、机手操作保持良好技术状态这两个关键要素，紧盯主粮作物和“三夏”“双抢”“三秋”等重要农时，落实落细农机管理服务措施，不断强化宣传动员、机手培训、技术指导、装备升级、质量管理、政策引导及服务保障，全方位提升粮食收获质量，进一步降低机收损失。

（一）要广泛宣传动员

抓好机收减损工作，必须在全社会全行业牢固树立“减损就是增产”意识。广泛动员地方政府部门和基层农业农村干部及时实现粮食机收工作重心转移，从只关注抢收到既关注效率更关注质量，从宣传引导、责任落实、监督检查等工作措施入手，尽可能消除主观认识不足和工作不到位的情况。常态化组织开展粮食机收减损技能大比武活动，以赛促训、以赛提技，激发广大机手比学赶超节粮减损技能的荣誉感使命感，推动机收作业精细高效、提质减损。广泛开展机收减损大宣传活动，营造广大农机手、全社会关注支持机收减损的浓厚氛围。

（二）要强化机手培训

联合收割机驾驶操作人员的技术水平和职业精神直接决定了收获作业质量。要加强水稻、小麦、玉米机收作业质量标准宣传，分区域分作物修订完善机械化收获减损技术指导意见，引导农户和机手因地制宜选择收获时机、合适机具和机收方式，千方百计避免增加损失。利用高素质农民培育项目，组织开展专业农机手培训行动，针对性强化骨干机手的节粮减损操作技能和职业素养。统筹利用农机职业院校、骨干农机企业以及农机合作社等社会化服务组织、农机使用一线“土专家”等专业化力量，形成培训合力，提高培训质量。督促农机产销企业加强对购机农民使用农机的培训，引导农机作业服务组织带头做好机手培训工作，特别要强化新机手田间操作实训，切实提高规范作业能力。进一步加强联合收割机驾驶操作人员考试环节管理，规范田间（模拟）作业驾驶技能考试程序、严格考试标准。组织各级农机推广骨干和农机化生产一线“土专家”，开展机械保养维修、减损技能、安全生产等技术巡回指导，降低收获损失。

（三）要提高装备质量

良好的收获机械装备质量和性能是减少机收损失的基础。要充分发挥农机购置补贴政策的导向作用，鼓励农民购置先进适用、安全可靠、节能环保的收获机械，引导生产企业技术进步和产品提档升级。全面推进农机报废更新，加快淘汰老旧收获机械，促进智能绿色高效收获机械的应用。强化农机试验鉴定监管和联合收割机质量调查，严格把关，把不合格、不耐用、不适用的产品挡在政策支持范围之外，倒逼企业提升质量。加大政策支持力度，探索稳定支持农业机械化基础理论研究和共性关键技术研发创新机制，鼓励企业加大研发投入力度，加快攻克薄弱环节技术，将损失监测、智能化技术融入收获机械产品提档升级中，进一步优化割台、脱粒、分离、清选能力，切实提升机收减损性能。

（四）要提升应急收获能力

在突发气象灾害等异常作业条件下，应急机收装备供给及服务组织能力跟不上，将显著加大收获成本和收获损失。要加强农机防灾减灾能力建设，增加应急抢收装备和应急服务供给，探索建立应急作业服务队，补齐应急救灾能力短板。密切关注大规模机收期间气候变化，及时研判会商灾害天气对机收进展的影响。针对可能发生的强降雨、大风导致农田积水、作物因灾倒伏、机具供给局部紧张等紧急情况，制定农机化防灾救灾应急预案，根据灾情迅速协调周边地区和农机产销企业，增加适用机具支援抢收。提早摸清烘干机械保有和农机社会化服务能力分布情况，协调就近匹配烘干用机需求，保障已收粮食安全入仓，减少霉变等产后损失。针对“小散偏”地块机械化收获难题，各地要全面梳理，推动把农田建设“宜机化”放在更加突出位置，努力解决地理因素形成的“小散偏”，推动广泛开展农业生产托管等经营模式创新，努力解决分散经营形成的“小散偏”，精细化调度机具对接需求，确保“小散偏”地块及时获得机收服务。

（五）要开展精细指导服务

掌握机收减损翔实情况是采取针对性工作措施的前提。各地要通过摸底调查，召开专家和农机服务组织、农机手座谈会，研究粮食作物机收损失情况及原因。组织农机推广、鉴定等单位及第三方机构开展机收地块随机实测抽测等工作，摸清辖域内机收损失真实情况。要在“三夏”“双抢”“三秋”重要农时期间，加强对地方机收减损工作指导服务，确保各项减损措施落实到位。

六、加强监测预警，搞好防灾减灾

气象对农业生产的影响比较大，伴随着全球气温的不断升高，对农业经济的影响也越来越大，极大地影响了农业经济的健康有序发展。因此，我国受气象灾害的影响比较大，做好防灾减灾工作显得尤为迫切。

（一）健全农业气象灾害预测预报系统

目前，我国农村建设发展速度较快，农业的现代化进程也在不断加快，农业气象对农业生产产生了极大影响。怎样做好农业生产的防灾减灾工作，对气象工作者也提出了进一步的要求。作为气象工作者需要将工作重点放在提升气象预报结果的准确性上。但是从目前我国发展的实际情况来分析，预报系统还不够健全完善，需要联系当地的实际情况进行创新。基层的气象部门更多是应该积极做好农业气象服务工作，积极推进农业气象工作，构建现代化的农业、生产体系。要注重给广大的人民群众科普知识，让他们认识到农业灾害预报的重要性，能够认识到提前做好预测预报工作的重要意义。

（二）充分地利用气候资源

气象科学和农业生产紧密相连。古时候，人们经常祈求能够风调雨顺，庄稼能够获得好的收成。而且随着科技的迅猛发展，天气预报系统能够对未来几天甚至是十几天的天气情况都能够准确地了解，这样可以帮助农户快速了解当地的气候情况。在灾害天气来临之前，做好准备工作，尽可能不要安排农业活动，这样自然灾害引发的农业经济损失就能得以避免。利用好的天气开展农业活动，提升农业收入，各级政府需要联系当地的实际情况制定合理的耕作制度，对农作物的布局进行合理规划，不能盲目种植，在联系当地的地质地貌以及气候情况之后，才能引入新品种。

（三）建立完善的灾害防御机制

对气象灾害的防治，首先需要建立在预防的基础之上，如果出现了气象灾害，制定应急预案显得极为重要。建立完善的农业气象灾害应急的防御机制，作为政府需要发挥出主导作用，各部门要分工明确，加强沟通。在实际的工作中，需要联系当地的实际情况，根据不同级别的气象灾害情况建立起防御机制，将灾害出现的概率降到最低。此外，还需要建立起责任机制，明确工作人员的职责，端正他们的态度，提高办事效率。

第二节　加力扩种大豆油料

一、促进大豆生产发展是优化调整种植结构的需要

当前，农业主要矛盾由总量不足转变为结构性矛盾，主要表现为阶段性的供过于求和供给不足并存，突出表现为粮食库存过大，特别是玉米积压较多，大豆严重短缺。推进农业供给侧结构性改革，重点是调整优化玉米结构，巩固提升优势区产能，适当调减东北冷凉区、北方农牧交错区、西北风沙干旱区和西南石漠化区等“镰刀弯”地区的非优势区玉米面积，改种大豆、马铃薯等作物，既能化解玉米过剩库存，又能增加产需缺口较大的大豆供应。

二、要切实抓好大豆生产发展各项政策措施落实

强化大豆政策扶持。在总结大豆目标价格改革试点经验的基础上，统筹考虑保护农民利益、与玉米收储制度改革衔接等，完善大豆目标价格政策，合理确定目标价格，提高政策的科学性和精准性。提早公布年度目标价格水平，稳定收益预期，引导农民科学安排生产。开展耕地轮作制度试点，支持东北冷凉区和农牧交错区推行玉米大豆轮作，探索建立用地养地结合的轮作制度。此外，还要建立优质大豆保护区，加强大豆市场调控，科学引导健康消费。

三、扩大油菜种植面积，弥补大豆供应缺口

目前，我国大豆主要用于压榨食用油，豆粕用于动物养殖的饲料蛋白来源。作为人们生活和养殖业发展的刚性必需品，大豆的需求量呈逐年加大趋势，油菜是我国种植面积第一大的油料作物，也是大豆之外，我国第二大油料来源，2022 年中央一号文件提出，“大力实施大豆和油料产能提升工程”，并提出在“长江流域开发冬闲田扩种油菜”。2023 年中央一号文件也重申“大力开发利用冬闲田种植油菜”。

扩大油菜种植面积，填补食用油和动物饲料蛋白来源缺口，合理可行。

（一）油菜在我国种植范围广

油菜属于我国传统农业种植作物，是我国第一大油料作物，种植面积和产量均居世界首位，从南方到北方，基本上都适宜种植。

（二）油菜的生长期可以和大豆的生长期互补

油菜秋冬季栽培，翌年春天开花麦收前收获，种植期正好与大豆错开，增加油菜种植不会影响大豆的种植计划。

（三）油菜一定程度上可完全代替其他作物在饲养方面的作用

我国农业科技工作者以杂交育种方式开发的“双低油菜”不仅出油率高，其成品油被称为“最健康的油”，而且饼粕蛋白质含量也高达40%，可以作为牲畜和家禽的优质蛋白饲料，满足养殖行业的蛋白质来源。

（四）油菜种植技术简单且经济效益好

油菜种植技术和田间管理相对简单，收获期比小麦提前10~15天，利于错开夏收时间，还为秋作物提前种植提供了条件。按照市场价格，油菜亩产值900元以上，相当于一季高产水稻或高产玉米产值。

四、强农惠农富农产粮（油）大县奖励政策

产粮（油）大县奖励政策主要是为了调动地方政府抓好粮食、油料生产的积极性，缓解产粮（油）大县财政困难，促进粮食、油料产业发展，保障国家粮油安全。

常规产粮大县入围条件为：近五年平均粮食产量大于4亿斤，且商品量大于1 000万斤；或者在主产区产量或商品量列前15位，非主产区列前5位的县级行政单位。在此基础上，近五年平均粮食产量或者商品量分别位于全国前100名的县为超级产粮大县，在获得常规产粮大县奖励的基础上，再获得超级产粮大县奖励。常规产粮大县奖励资金作为一般性转移支付，由县级人民政府统筹使用；超级产粮大县奖励资金用于扶持粮食生产和产业发展。

产油大县奖励入围条件由省级人民政府按照“突出重点品种、奖励重点县（市）”的原则确定，入围县（市）享受的奖励资金不低于 100 万元，全部用于扶持油料生产和产业发展，特别是用于支持油料收购、加工等方面支出。

五、对开发冬闲田扩种油菜实行补贴

2023 年中央一号文件提出，“深入推进大豆和油料产能提升工程”“大力开发利用冬闲田种植油菜”。

2023 年，农业农村部也在《关于落实党中央国务院 2023 年全面推进乡村振兴重点工作部署的实施意见》中提出，要“对开发冬闲田扩种油菜实行补贴”。同时，2022 年中央一号文件指出，“实施农机购置与应用补贴政策，优化补贴兑付方式。完善农机性能评价机制，推进补贴机具有进有出、优机优补，重点支持粮食烘干、履带式作业、玉米大豆带状复合种植、油菜籽收获等农机，推广大型复合智能农机。”

第三节 提升生猪等畜产品供给能力

提升生猪等畜产品供给能力。着力稳生猪、增牛羊、兴奶业，促进畜牧业提质增效。加强生猪产能调控。开展生猪产能调控工作考核，确保能繁母猪存栏量保持在 4 100 万头左右的合理区域。强化市场监测预警和信息发布，引导养殖场（户）合理安排生产，防止生产大起大落。

一、多管齐下，提高畜牧生产能力

（一）新建标准化设施化养殖场

要根据种养配套、农牧结合、生态循环、污染减排的总体要求，建设一批智能化设施化生态养殖场。重点建设年出栏 1 万头以上的规模猪场和存栏 10 万羽以上的规模鸡场。在连片种植区配套建设中小家庭牧场，实现全程的农牧对接。

（二）提升改造原有养殖场

对现有保留场进行提升改造，提高养殖场生产效率和生物安全水平，最大程度地挖掘生产潜力。

（三）引导规范散养户

结合扶贫工作，引导农民根据自身的实际从事山羊、中蜂、土鸡放养等环境友好型畜牧业，形成品牌，提高效益。

二、多渠道搭建畜产品供应渠道，保障市场供应

（一）培育经营主体

鼓励有条件的商贸流通企业参与畜产品经营，培育畜产品的主供应商，规范经营行为，完善畜产品经营的全程冷链设施。

（二）拓宽供应渠道

大力拓宽畜产品的供应渠道，与主产区的养殖基地建立产销协作关系，保障畜产品的安全供给。

（三）加大储备力度

主要是生猪的活体储备（本地加异地）和冷冻肉储备，充分发挥储备调畜功能。

三、狠抓服务保障工作，促进畜牧产业健康发展

（一）创新机制，增强畜牧发展动力

探索开展畜牧养殖用地的创新试点。在集中连片的高标准农田等种植基地中配套规划建设畜牧养殖场，以实现真正的种养无缝对接。结合肥力提升项目建设，在新垦造的耕地上建设不破坏耕作层的非永久养殖场，肥力达标后拆除。

调整财政金融扶持机制。探索更高效的财政补助形式，如污染治理和免疫等公益性工作按出栏数直接补贴等；扩大政策性保险覆盖面，应保尽保，提高保额，探索开展畜产品价格指数保险等新险种，为畜牧产业提供底线支撑；探索实施养殖企业流转土地经营权、栏舍设备、活体的信贷抵押担保。

（二）应用新技术，提高畜牧业竞争力

大力应用畜牧科学养殖技术，对各类养殖经营主体开展有针对性的全程技术服务，全力提高生产效率。对现代的标准化牧场应用智能化、自动化设施装备，实施精准配方、抗病营养、减抗替代、生物发酵等新技术来实现“六化”的目标；对家庭牧场和提升改造场，有选择性地应用现代畜牧设施和养殖技术，实现畜牧养殖和种植业在空间和时间上的有效对接，畜产品安全可控。

（三）建设防控体系，加强重大动物疫病防控力度

加强基层动物疫病防控体系建设，开展非洲猪瘟等重大动物疫病分区防控和重点人畜共患病源头防控，深入推进畜间布病防控五年行动，建设一批动物疫病净化场、无疫小区和无疫区，建设一批无规定水生动物疫病苗种场。

（四）完善服务，激发畜牧业内在活力

建立政策信息等咨询服务机制，提供产前的政策、风险、市场趋势等信息服务，引导养殖业主理性地投资畜牧产业；产中的科技信息服务；产后的市场供需、品牌提升等资源配置信息。通过全程的政策、科技、信息的服务，来提高科技水平和生产的可控性，促进畜牧业健康发展。

第四节　推进渔业高质量发展，发展健康养殖

深入实施水产绿色养殖技术推广“五大行动”，开展国家级水产健康养殖和生态养殖示范区创建。稳定水产养殖面积，编制全国养殖水域滩涂规划，推进养殖证核发全覆盖，加快建立重要养殖水域滩涂保护制度。

一、推进适度捕捞

适度捕捞是通过轮捕轮放的方式，解决高密度、投饵施肥多与池塘溶氧不相适应的矛盾。做到常年合理密养，充分发挥池塘生产潜

力，因而可以提高鱼产量。推进适度捕捞的好处如下。

（一）发展肥水鱼，变单季鱼为多季鱼

实行适度捕捞的池塘，水质常年肥沃，适合鲢、鳙和罗非鱼等耐肥鱼类的生长。采取同种不同年龄的大、中、小鱼混养在一个池里，一般每年 3 次放养，5 次捕捞，捕大留小，让鱼池常年保持一定的密度，合理利用肥水塘中的饵料生物。

（二）改进草、鳊或团头鲂的茬口，缩短草鱼养殖周期

草鱼在 5—9 月生长较快，到了饲养后期，青饲料质量差，数量少，草鱼生长慢，而 6—10 月是青、鲤、鳊、团头鲂的生长旺季。在轮捕时，将长满 3 斤以上的大草鱼起捕上市，使养殖密度小一些，有利于青鱼和鲤鱼的生长，更有利于鳊、团头鲂的生长。

（三）调整“肥水鱼”与“吃食鱼”的关系

轮捕轮放可以提高“吃食鱼”的放养量。这样，鱼的粪便和残饵剩渣也随之增加，这就为“肥水鱼”的生长提供了有利条件；“肥水鱼”摄食浮游生物和腐屑，可使水质清淡，保持肥爽，有利于“吃食鱼”的生长。

通过适度捕捞，池鱼始终密度适宜，有利于鱼类生长，轮捕轮放不仅提高了产量，而且改变了鲜鱼供应市场淡旺不均的状况。

二、拓展发展空间

（一）深远海大型智能化养殖渔场

为推进国家开发海洋战略，提升渔业装备的市场竞争力，需要先进的养殖装备技术作为支撑。深远海养殖装备研发与应用最早的国家有美国、挪威和日本等一些发达国家，装备的类型有养殖网箱、海上平台+养殖网箱、养殖工船及养殖渔场平台等。

历经几十年的技术积累和应用实践，深远海养殖发展需求日益增长、条件日趋成熟、推力日渐增强。深远海大型智能化养殖渔场符合我国国情。深远海养殖的定位特征为：远离大陆岸线 3 千米以上，处于开放海域；水深 20 米以上，具有大洋性浪、流特征；规模化设施，

包括但不限于网箱、围栏、平台、工船等；具有一定的自动投喂、远程监控和系统管理等能力。

目前，我国深远海养殖的发展具有几方面的机遇。其一，体系化的网箱养殖产业为深远海养殖发展奠定了基础；其二，国家海水养殖产业发展政策将推动养殖走向深海；其三，船舶、海工、新材料、智能化等技术集成是设施大型化和走向深远海的重要支撑。

（二）稳步发展稻渔综合种养

近年来，全国各地推广机构及科研教学单位大力开展了稻渔综合种养新技术模式的试点示范及推广工作，逐步形成了稻鱼、稻蟹等十余种典型新技术模式。稻渔综合种养技术“不与人争粮，不与粮争地”的先天优势，具有巨大的生态效益和社会效益。本节通过对稻渔综合种养技术的内涵优势、发展现状进行梳理分析，进而提出加快稻渔综合种养技术产业化、一体化发展的对策建议。

1. 稻渔综合种养技术的内涵及优势

稻渔综合种养是根据生态循环农业和生态经济学原理，通过对稻田浅水生态系统进行工程改造，将水稻种植与水产养殖、农机和农艺技术进行整合，实现水稻与鱼类、河蟹、泥鳅等的互利共生，同时由于水生动物的除草、除虫、松土、施肥作用，减少了稻田化肥农药的施用量，改善稻田的生态环境，实现了“一水两用、一地双收、稳粮增效、生态环保”等多方面功能的现代生态循环农业发展新模式。

新型的稻渔综合种养模式具有以下几方面优势：一是突出了以粮为主。水稻成为发展的主角，同时，积极发展有机稻，大幅度提升水稻收益，使水稻效益和水产效益平衡发展，从机制上确保农民种植水稻的积极性。二是突出了生态优化，通过与生态农业、休闲农业的有机结合，促进了有机生态产业的发展。三是突出了产业化发展。通过引进名特优水产品种，采用了一体化现代经营模式，突出规模化、标准化、产业化的现代农业发展方向。

2. 稻渔综合种养技术今后的发展对策及建议

（1）集成产业化配套关键技术。探索稻渔综合种养产业化重点技术研发，重点对主导模式的配套水稻种植、水产养殖、病虫草害防控、田间工程等关键技术进行集成创新。同时，建立由水产、种植等方面专家组成的稻渔综合种养技术协作组，深入一线，巡回指导，解决产业间相互支持、相互协调、相互融合的生产和技术问题，积极构建“技术专家+核心示范户+示范区+辐射户”的推广模式，提高技术服务的普及率。

（2）加强稻渔综合种养产业化理论研究，完善产业化发展机制。强化对稻渔综合种养产业化的相关基础理论研究，特别是对生产过程中的关键性技术参数、生态机理的研究，为稻渔综合种养的发展规划提供理论依据。主动推进以集约化、专业化、组织化、社会化相结合为特征的新型稻渔综合种养经营模式，积极培育种养专业大户、家庭农场、农民专业合作社等新型经营主体，进一步完善产业化发展的体制机制，建成“科、种、养、加、销”一体化的产业链。

（3）加大政策扶持，扩大宣传力度。结合全国各地实际，将稻渔综合种养纳入当地农业发展规划，加大政策和资金的扶持力度。鼓励发展稻渔综合种养产品深加工和休闲农家乐等新业态，优化区域布局规划，扶持稻渔综合种养一二三产业融合发展，完善稻渔综合种养产业体系，提升价值链，提高产业整体素质和竞争力，积极研究对一二三产业联合一体的专业合作社的扶持政策，优化稻渔综合种养体系发展环境。同时，通过新型媒体、自媒体广泛宣传稻渔综合种养在“稳粮、促渔、增效、提质、生态”方面的作用，让社会各界全面了解稻渔综合种养的良好发展前景。积极向各有关职能部门及各级政府汇报稻渔综合种养新进展新成效，积极营造多方支持的良好氛围。

第五节　大力发展现代设施农业

一、以集约高效为主发展生态畜牧业

畜禽集约化生态养殖是以养殖业为主体同时对畜、禽排泄物进行

科学处理，实行农牧结合，做到科学利用、互相促进，低投入，高产出，少污染的良性循环的生态养殖系统工程。它是工厂化养殖发展到一定阶段形成的又一个亮点，是养殖业可持续发展的需要。要追求畜禽生产中最大利润，有必要对畜禽集约化生态养殖新技术进行研究与探索，以提高资源利用为核心；以节地、节水、节能和资源、生态等综合循环利用为重点；以最少的资源消耗获取最大的经济效益和社会效益，建设集约化生态养殖，促进畜牧业资源的合理开发。畜禽集约化生态养殖新技术的研究与利用，既是解决“三农”问题的重大举措，也是我国农业可持续发展的重要组成部分。

（一）发展集约化生态养殖的意义与对策

发展集约化生态养殖，实施标准化生产，可增强科技含量，提高单位土地产出率和产品质量，实现农业增效，强化农民素质，转变农民观念，增加农民收入，保障食品安全，保护生态环境，对推进农业和农村经济结构的战略性调整具有重要意义。

畜牧生产方式日益呈现集中化、集约化的趋势，这一发展趋势会对环境、资源与生态造成日益明显的压力和影响，因此必须采取生态养殖的手段促进环境的保护和畜牧业的可持续发展。要进一步厘清思路，正确处理好畜牧业经济发展与生态效益的关系。把发展畜牧业同建好生态环境有机结合起来，这就要求我们必须转变畜牧业经营方式，走生态畜牧业可持续发展之路。在生产实践中，不仅强调畜禽的经济效益，而且要注重环境、注重社会效益，达到人与动物的和谐发展。

积极推广畜牧环保技术，发展生态畜牧业，要切实搞好动物卫生监管工作，加强畜禽排泄物的科学整治和综合利用，引导畜禽养殖场（户）将畜禽粪便及时堆积发酵，积极引进畜禽粪便加工处理项目，变“废”为“宝”，变“害”为“利”，努力实现最佳经济效益、生态效益和社会效益。

（二）以集约高效为主发展生态畜牧业养殖的技术要求

1. 畜禽场址选择及场区布局

（1）场址选择。新建饲养场，应选择周围无污染，地势高燥、背风向阳，交通便利，远离交通主干道、居民区、工厂、市场等，场界与禁建区域边界的最小距离不得小于500米的地方。水电供应可靠，水源充足，水质良好，能满足饲养场内人畜生活、生产及消防用水等需要。

（2）场区布局。应严格区分饲养区、生活区、隔离区（污水、粪便、病死禽处理区）和行政办公区等，布局及房舍间距合理，有利于防疫与隔离。推行干湿分离，雨污分流，建有基本的畜禽排泄物治理设施，实现畜禽粪尿资源化利用。

2. 饲养工艺及饲养技术

饲料选用应根据畜禽不同生长阶段的营养需要，饲喂营养全面、平衡、质量好的饲料，切不可饲喂霉败、变质或污染的饲料。

饲养工艺：一般畜禽集约化生态养殖应采用分段分区、全进全出的饲养模式。

饲养技术：根据畜禽大小、品种、饲养方式、季节及通风方式等科学确定饲养密度；注意饲养环境清洁卫生，做好日常消毒、防暑降温、防寒保暖工作，保持栏舍干燥和安静。

3. 防疫措施及无害化处理

畜禽集约化生态养殖的防疫工作应采取"以防为主，综合防治"的措施，通过采用综合防疫技术，建立起饲养场的生物安全体系，确定畜禽安全，减少药物使用，降低药物在畜禽体内的残留，实行科学的饲养管理。

（1）综合防疫技术。应用免疫、消毒、隔离等综合防疫技术，以合理的免疫程序，提高畜禽抗病能力，用有效的消毒措施，消灭环境中的病原微生物，采取严格的隔离办法，将病原微生物拒之于门外。

（2）严格检疫把关。通过定期的疫情监测，及时清除疫源，把疫病扑灭在萌芽状态。引进和出售畜禽时，必须经过动物防疫监督机构检疫人员的严格检疫把关。

（3）病死畜禽的无害化处理。确诊为传染病或疑似传染病的畜禽，应根据疫情和流行范围采取封锁、隔离、消毒等措施，病死畜尸体应深埋或焚烧，以防疾病流行，对一时难以确诊或愈后不良的动物，建议立即淘汰，以减少用药成本及疾病传播。

（4）健全防疫制度。畜禽集约化生态养殖应对动物来源、日常消毒、无害化处理等进行常规记录，并由专人负责登记保管。

4. 利用现代科技推广优良品种

利用优良畜禽品种是取得畜牧生产优质高效、绿色安全的先决条件。育肥猪以推广瘦肉率高的外（内）三元杂种为宜；肉鸡以慢羽型、抗病力强、适应性广、肉质风味好的地方良种为佳。为使生猪、奶牛、肉牛等品种繁育体系得以完善和提高，就需要在实施标准化生产上利用人工授精、胚胎移植等生物技术，加大科技推广的力度。

5. 提高绿色健康养殖

生产绿色优质产品，首先要提倡畜禽绿色健康养殖。根据畜禽不同生产阶段的生殖特点，采用适宜的温度、湿度、饲养密度、营养水平、光照、通风等符合畜禽生长需要的环境条件，提倡健康养殖，增强畜禽的抗病力。其次，场舍应经常清扫、消毒、粪便集中处理；病死动物及时清除或集中无害化处理。规模猪场实行自繁自养，批进批出，肉禽场推行全进全出制度。

6. 推广畜禽排泄物处理新技术

畜禽集约化生态养殖，要推广畜禽排泄物的科学处理新技术，达到生态养殖的效果。

（三）发展设施畜牧业，促进集约化生态养殖高效发展

采用先进设施和饲养技术为畜禽创造适宜的生活环境，并保证饲料营养和防疫条件，使分散的畜禽养殖实现规模化工厂养殖，使畜舍建筑、机械设备、生产工艺、管理制度“四大要素”都符合畜牧业现代化的技术要求。采用组合式结构，用轻型建材生产出预制构件，用户根据自己需要选择适宜型号，按图纸现场组装畜禽舍，实现畜禽工厂设计标准化、系列化、轻型化，大大加快集约化生态养殖的高效发展，在全封闭型的设施养殖工厂里，通过电脑调节和控制光照、温度、湿度、饲养、供水、清洁、挤奶、采蛋等管理环节，完全实行机械化、自动化管理。

此外，养殖工厂还具有随时拆迁、便于移动的优点。例如在发生疫情时，为避免疫病蔓延殃及其他畜群，可以将畜禽舍焚烧以彻底消除病原传播。目前，在发达国家，奶牛场正趋向采用电脑信息管理系统，除建立起数据库管理系统，检测记录挤奶量、饲料供应、营养配方、繁殖、育种等信息资料外，还建立电脑识别系统，在牛体上（颈部标识或耳标识）安装微型感应标识，即可随时释放信息，可准确地测报奶牛所在方位、健康状态、各项生理指标及所需的营养成分和数量，并能根据生产性能自动设计，自动提供合理的日粮配方，自动给料、监测发情、提供适时配种时间等。

二、以健康养殖为主发展设施渔业

（一）设施渔业健康养殖理念的提出

1972 年，联合国有关会议上提出了“水产品健康与生态养殖”的概念，这是“渔业可持续发展”理念和“健康养殖”理念的前身。近年来，设施渔业的健康养殖理念已被人们全面接受。养殖规模扩大、养殖容量扩大、养殖效益下降、病害频发、养殖水质下降、外来生物入侵、生物多样性、对产品质量安全的重视程度提高、水域环境保护等多方面因素，设施渔业健康养殖已在全国推开。

随着科技的进步、社会的发展、人类健康需求的提高以及养殖生产实践的深入，设施渔业健康养殖理论的内涵和外延还将不断充实和发展。

（二）设施渔业健康养殖模式

（1）现代水产养殖业采取“种养结合”的生态养殖模式，以保持水体的生态平衡。从生态系统看，现代水产养殖业属于“种养结合”的生产新工艺。采取“强化分解者，促进生产者，改革消费者”的原则，以保持三者之间能量流动和物质循环的平衡。利用微生态制剂，使水体和底泥中的有益微生物数量大大增加，将大量的有机物分解成无机盐。栽培和保护水生植物维管束植物，通过光合作用，将无机盐转化为绿色植物。

坚持“以渔净水，以鱼保水”观念，发展“名、特、优”养殖，实施混养、稀养、轮养。因此，现代水产养殖工艺，就是按生态系统原理，打破传统养殖工艺的生态系统存在的“瓶颈效应”，使消费者、分解者和生产者之间的物质循环及能量流动保持平衡。

(2) 现代水产养殖业采取“以渔净水，以鱼保水”技术，不仅不污染环境，而且可以净化水环境。

①“以渔净水”——发展生态渔业，可以净化水环境，采用生物修复技术，推广网围生态养蟹技术、池塘生态养蟹技术，保护水环境。其核心就是水草的种植技术，净化水质。

②“以鱼保水”——大水面，养了鱼可以保护水环境。大水面，不放养草食性鱼类（草鱼、团头鲂），以保护水草资源；增放养滤食性鱼类（鲢、鳙）、食腐屑食物链鱼类（细鳞鲴）、小型肉食性鱼类（塘鳢鱼、黄颡鱼）、增殖螺蛳，以净化水质，保持水产养殖业的可持续发展。

发展净水渔业，可以净化水环境。在大水面，采取的增养殖技术，是以净化水环境为目标，以增殖水生植物为基础，以大批量获取优质水生动植物为手段的一项新技术。在小水体，采用种养结合方法，不仅净化水质，而且生产出无公害的优质水产品，对人类的健康以及生态环境的保护会有突出的贡献。

(三) 推广净水渔业养殖模式的重要性以及必要措施

可持续水产养殖是我国水产养殖业的发展方向。“种养结合”“净水渔业”是我国发展现代农业的必由之路；水产品质量安全的关键在于养殖水环境保护和修复。限制我国渔业发展的关键问题是水体富营养化。水体富营养化的治理，最重要的是削减污染源的排放，必须坚持内源与外源同时治理。发展净水渔业是治理内源污染的关键措施。必须继续加大生物修复的投入，国家与群众共同参与，修复水环境。因此，只有走净水渔业之路，我国的水产养殖业才会可持续性发展。而推广净水渔业养殖模式需要各级政府部门在宏观上加以控制，微观上给予引导。控制有效养殖面积。充分发挥政府职能，建立健全法律法规体系。合理规划养殖面积及品种，建立渔业用药限制及养殖废水排放等水质标准，严格控制滥用渔药现象，加强养殖水处理及废水排放管理，为发展净水渔业提供充足的法律保障。

第六节 促进果菜茶多样化发展

一、果菜茶产业进入绿色发展时代

目前果菜茶生产过程中，物理防治、生物防治等技术已得到普遍应用，种养结合、废弃物资源循环利用在各地应运而生。今后我国将从以下几个方面持续推进果菜茶产业的绿色发展。

一是推进结构布局优化，大力发展“三特”产品。

二是着力育种创新。蔬菜方面，将加快选育一批可替代进口的红果番茄、彩椒等品种。水果方面，重点选育熟期配套、耐储运及加工专用品种。茶叶方面，则会选育一批适应性广、符合机采机制的品种。

三是持续推进标准化生产。包括节水节肥、绿色防控、废弃物资源化利用和土壤修复治理等多种模式。同时，还将清理、废止一批旧标准，制修订一批农药残留、技术规程和产品等级的国家标准及行业标准。

四是将按照“建设大基地、创响大品牌、培育大企业”的思路，延长产业链和提升附加值，推进三产融合，实现果菜茶绿色可持续发展。

二、果菜茶生产实现机械化

（一）生产机械化是确保果菜茶有效供给的必然选择

我国自然条件多样，果菜茶品种丰富。长期以来，果菜茶生产以人工为主，劳动强度大，人工成本高、规模化程度低。随着工业化和城镇化的进程不断加快，农村劳动力加快转移，农业生产成本不断攀升，农民劳动观念深刻变化，果菜茶等农业生产“用工难”“用工贵”问题日益突出。目前，蔬菜人工成本占到蔬菜生产总成本的59%，运输及贮藏过程损耗达到30%左右；苹果、柑橘、茶叶等大宗产品人工成本占总成本均超过50%，已成为影响农民种植意愿和果菜茶产业持续发展的重要因素。机械化生产能够大幅度提高果菜茶劳动生产率，减轻劳动强度，有效替代人工，降低生产成本，稳定和提升生产能力。必须加快推进果菜茶生产机械化，保障果菜茶综合生产能力，有效满足市场对果菜茶产品的需求，提升果菜茶产业发展质量、效益和竞争力。

（二）生产机械化是推进果菜茶绿色发展的迫切需要

多年来，为满足市场供应、提高果菜茶产量，我国果菜茶生产水肥药用量大，化肥、农药等过量使用，带来成本增加和环境污染，也影响产品的品质和生产效益。同时，对果菜产地尾菜、果皮、果壳等带来的农业面源污染问题关注也不够。当前，我国农业由增产导向转向提质导向，进入了转型升级、实现绿色发展的新阶段。保证更高质量更加安全和绿色生态农产品的供给，保护生态环境，必须加快推行绿色生产方式，走质量兴农、绿色兴农、品牌强农之路，增强农业可持续发展能力。农业机械化能够实现人畜力所不能达到的生产效率和精度，做到定量、定位、适时、保质完成农业生产作业，使水肥药种膜等投入品实现精准化、减量化使用，农业废弃物有效实现资源化利用，是支撑农业绿色发展的重要物质技术基础。因此，加快推进果菜茶生产机械化，是减少果菜茶水资源、肥料、化学药剂等的使用量，促进果菜废弃物资源化利用的必然选择，是实现果菜茶生产资源节约、环境友好，向绿色发展、高质量发展迈进的迫切需要。

（三）生产机械化是增加果菜茶农收入的有力手段

果菜茶生产投入大，价值高，是许多地区农民收入的重要来源。特别是我国果菜茶生产大多集中在丘陵山区，多数贫困县和贫困村是高山蔬菜、特色林果和名优茶等集中产区，发展果菜茶生产，直接关系广大农民增产增收，也是诸多地区产业扶贫、精准脱贫的重要支撑。随着我国城乡居民农产品消费需求升级，多样化、便捷化和品牌化趋势明显，对果菜茶产地加工分级、贮藏保鲜和冷链运输也提出了新的更高要求，同时也为农民增收提供了新的机遇。各地实践表明，果菜茶生产机械化，可以大幅度提高果菜茶劳动生产率、土地产出率和资源利用率，增产增效；可以大幅度降低果菜茶生产成本，节支增收；可以有效支持果菜茶规模经营和产品产后加工处理增值，提高经济效益。可以说，发展果菜茶生产机械化，是新时期转变果菜茶生产方式，推进果菜茶区域化布局、产业化经营、标准化生产、规模化作业和社会化服务的有力举措和重要支撑，能够有效支持产业兴旺、促进农民增收和助力脱贫攻坚。

（四）强化政策引导扶持，打造率先发展典型

要结合实际，做好果菜茶生产机械化发展规划，明确目标任务，积极创设支持促进政策，统筹技术、资金、人才等保障措施，加强顶层设计和扶持引领。要突出重点，积极争取地方财政支持，建立一批标准化、规模化的果菜茶生产机械化示范基地，加强示范引领和培训推广。要发挥好农机购置补贴等扶持政策的引导作用，统筹整合有关项目投入，支持有条件的县乡村整体创建果菜茶主要作物生产全程机械化示范区，推出一批率先发展的典型。要注重发掘各地推进果菜茶生产机械化的典型，及时总结推介新经验、新进展、新模式，充分利用广播、电视、报刊、互联网等媒体开展宣传，提升社会关注度和影响力，营造推进果菜茶生产机械化的良好氛围。

（五）推进瓶颈技术攻关，增加装备有效供给

要坚持问题导向，加强需求分析引导，支持协同创新，组织指导产学研推开展联合攻关，推动科研院所、企业研发生产急需、农民急用的果菜茶生产机械装备，加快突破田间管理水肥药精量施用机械化关键技术，攻克采收和产地初加工机械化难点，增强高效、节本、绿色、智能的果菜茶生产机械供给能力。要积极争取资金投入，组织好重大科技选题和项目遴选，争取地方财政资金、科技重点研发计划列项支持，创新资金项目实施管理机制，加强科研条件建设，加快装备

研发生产，推进技术创新和集成配套。要大力促进成果转化，加大农机购置补贴、技术示范推广资金对新产品、新技术的支持力度，强化果菜茶生产机械新产品补贴试点、检测鉴定和试验验证，公开鉴定检测结果和试验验证数据，及时向企业和科研单位反馈相关信息，引导改进熟化新技术新产品，加快成果转化应用。要充分发挥国家现代农业产业技术体系农机化岗位专家、全国农机化科技创新专家组和各省专家作用，深入生产一线，围绕果菜茶生产机械化需求，加强对各地的技术指导，开展重点机具的研制和技术集成示范。

（六）加强农机农艺融合，构建高效技术体系

要建立完善农机农艺协作合作机制，加强农机、农技、特产、加工、植保、种子等部门联系和沟通，统筹协调解决果菜茶生产机械化发展中遇到的困难和问题，推进品种、种植模式、初加工方式等宜机化，促进品种、栽培、装备集成配套，产前产中产后机械化协调推进。要加强农机农艺专家的合作联动，共建试验示范基地，建立和完善符合机械化作业的种植标准、生产作业规范，探索形成适应不同区域的果菜茶生产工艺、机器配套方案和操作规程，总结推出一批区域化、标准化的机械化生产技术模式，开展宣传培训推广。要用好现代农业产业技术体系、科技创新联盟、协同创新中心等平台，推动品种栽培装备多学科、产前产中产后各环节联合、联动，实现协同、协作技术创新和成果转化推广，为不同区域、不同作物的果菜茶生产机械化技术体系构建提供解决方案。要积极配合种植业、畜牧业等有关部门，主动参与果菜茶有机肥替代化肥行动，为打好农业面源污染防治攻坚战提供技术装备支撑。

（七）推动基础设施建设，改善机械化立地条件

要打破传统思维模式和工作定式，树立良种、良法、良田、良机“四良”结合推进农业机械化的理念，主动发声，积极进位，努力协调，推动促成有关方面达成“宜机”共识，促使机械化适应性成为农田基本建设、土地整治等工作的必要考量和必要目标，创造良好“宜机”条件，拓展果菜茶生产机械化发展空间，释放发展潜力和活力。

要积极推进丘陵山区宜机化土地整治建设，制定果菜茶种植田块宜机化整理改造技术标准，协调利用高标准农田建设、农业综合开发及扶贫开发等相关资金，支持各类规模经营主体和集体经济组织对条件适合的连片土地进行宜机化整理，促使土地标准化和规模化，加快果菜茶生产机械化进程。要围绕高效智能温室、日光温室、大棚等机械化生产，推进设施农业宜机化、标准化建设，制定完善相关技术标准，建立和完善设施农业机械化生产模式，加大农机购置补贴对标准化设施温室的支持力度，引导先进设施装备和高效生产技术投入生产应用。

第七节　推动高水平农业对外开放，优化对外经贸布局

一、实行对外开放，是改造传统农业的必由之路

在人类社会的发展长河中，农业经历了原始农业、传统农业和现代农业3个阶段。传统农业是指以铁器农具为生产工具，以人力、畜力为农业动力，主要依靠手工操作的农业。传统农业生产科技含量低，生产力水平低，以自给自足为主，不注重生活环境，“小富即安”。而现代农业是广泛应用现代科学技术、现代工业提供的生产资料和科学管理方法的社会化大生产的农业。它将一整套农业科学技术运用到育种、栽培、饲养、土壤改良、植物保护等生产实践中。现代农业的主要标志是机器在农业中得到普遍采用，农业生产走上了专业化、区域化、社会化的道路，逐渐形成了良性的农业生产系统和生态系统。

从上面对传统农业和现代农业特征所作的描述中可以看出，改造传统农业、建设现代农业，首先必须突破传统农业发展史所附加于农业工作者和农业生产者的思想束缚，转变其落后的小农思想。只有通过对外开放，用国外先进的农业生产理念来武装我们的头脑，并内化于农业生产实践之中，才能推进现代农业的发展。因此，实行对外开

放，是改造传统农业的必由之路。

实行对外开放，可以用创新的理念改造传统农业。创新是现代农业的核心，科技创新是现代农业创新的主体，尤其是以生物技术和信息技术为主导的农业高新技术正在加速现代农业的建设进程。除农业科技创新之外，现代农业的创新还包括农业管理体制、经营机制、生产方式、营销方式的创新。

实行对外开放，可以用市场化的理念改造传统农业。现代农业在生产过程中，投入的生产要素大部分来自外部系统。如农业机械、化肥、农膜、饲料、生物激素等来自工业系统，而生产的产品大部分通过市场出售到其他部门。不仅大部分农产品成为上市的商品，而且进行农业生产所必需的各种生产要素也成为商品，农产品市场和农业生产要素市场空前发达。

实行对外开放，可以用集约化经营的理念改造传统农业。现代农业本质上是集约农业，农业发达国家在推进集约化经营的实践中，因要素禀赋的差异而采取了不同的模式，有的实施资本和技术集约，有的实行劳动和技术集约。实行对外开放，可以用适度规模经营的理念改造传统农业。现代农业是适度规模经营的农业，客观上要求投入的生产要素——土地、劳动力、资金和管理技术，按一定的比例进行整合，达到最佳比例，产出效益最大。

实行对外开放，可以用标准化的理念改造传统农业。国际农业竞争中，农业的国际标准也逐渐丰富。现代农业是一种标准化农业，农业标准化融技术、经营、管理于一体，把农业科学技术推广应用科学化、规范化、系统化、程序化，已成为商品生产和农业科技推广的一种有效形式。农业标准化为现代农业生产的规范化、产业化提供了技术支撑，有力地推动和促进了现代农业的发展。

二、实行对外开放，是实现增产增收的重要保证

现代农业是产加销一体化的农业，是市场配置资源的农业，也是商品经济农业，与自给自足的传统农业、计划经济的包办农业有着根

本区别。在国际统一大市场背景下，谁协调好农产品产—加—销，谁就成为建设现代农业的佼佼者。事实表明，农产品出口以其特有的优势，在带动农村就业、增加农民收入、优化农业产业结构、推进现代农业建设方面发挥了重要作用。

实行农业对外开放，可以扩大农产品销售，增加农产品出口。随着对外开放逐步扩大，农业发展的类型将由封闭农业转换为开放农业。农产品的出口创汇能力不断增强，大宗农产品出口显著增加，出口量的增长必然刺激农产品增产增收。实行对外开放，可以加快建立农产品现代流通体系，加快农业信息化建设。通过对外开放，可以培育多元化、多层次的市场流通主体，构建开放统一、竞争有序的市场，强化发展现代农业的市场体系，进一步推进农业的市场化，是建设现代农业的重要保障。

三、参与全球粮农治理，推动农业国际合作

作为全球最大的发展中国家，中国将继续坚持和平发展、合作共赢的原则，积极参与全球粮农治理，推动农业国际合作，分享中国农业农村发展的经验和实践，为世界粮食安全做出贡献。

（一）加强人力资源合作，帮助发展中国家提高粮食综合生产能力

中国通过实施对外援助和农业“南南合作”等，已经向非洲、亚洲、南太平洋、加勒比海等70多个国家和地区派出了2 000多名农业专家和技术人员，近10万名所在国农民受到了培训。已在我国举办了500多期培训班，培训了国外专家、专业人员1.1万名。在作物生产、畜牧业水产养殖、农田水利、农产品加工等各个领域，向需要的国家进行了1 500多项技术推广和示范，带动项目区平均增产40%~70%，超过150万户小农从中受益。

（二）加强农业科技合作，推动提升国际粮食减损技术支撑能力

多年来，中国已经与140多个国家和地区以及国际组织建立了科技合作关系，与80多个国家的科研机构以及21个国际组织签署了

500多份合作协议和备忘录，共建了170多个联合实验室和研究中心，在育种、农机、植保等领域持续有效地开展了大量工作。

（三）加强政策协调

从全球层面推动粮农治理能力，加强与联合国粮食及农业组织、世界粮食计划署等国际组织合作，围绕保障全球粮食安全、提高粮食减损能力设置议题，推动各国在粮食安全治理方面形成共识，积极参与世界贸易组织、国际食品法典委员会、国际植保公约等国际标准和规则的制定，推动在粮食减损、运输、检疫、进出口贸易等方面形成合理的国际规则，更好地利用二十国集团、亚太经合组织、金砖国家等平台，开展信息交流和政策对话协调，促成公平公正的国际粮食市场秩序。

第三章　加强农业科技和装备支撑，奠定农业强国建设基础

第一节　加强高标准农田建设

一、建设高标准农田，全面推进乡村振兴

逐步把永久基本农田全部建成高标准农田，是党中央立足全面建设社会主义现代化国家、着眼全面推进乡村振兴、加快建设农业强国做出的重大部署，明确了耕地保护建设的主攻方向和重大任务。我们应系统谋划、科学布局，采取有力举措，加快高标准农田建设，为全方位夯实国家粮食安全根基打牢基础。

（一）充分认识把永久基本农田全部建成高标准农田的重大意义

保障国家粮食安全的根本在耕地，耕地是粮食生产的命根子，是中华民族永续发展的根基。保耕地不仅要保数量，还要提质量，建设高标准农田是一个重要抓手，需坚定不移抓下去。建设高标准农田，是巩固和提高粮食生产能力、保障国家粮食安全的关键举措。把永久基本农田全部建成高标准农田，对全方位夯实国家粮食安全根基、加快建设农业强国、推进农业农村现代化具有重大意义。

（二）全方位夯实粮食安全根基，关键保障在高标准农田

高标准农田是通过工程、农艺等措施改造提升农田质量，达到地块平整、集中连片、设施完善、土壤肥沃、生态良好，且能够旱涝保收、高产稳产的农田，是耕地中的精华，是确保国家粮食安全的关键基础。通过精准补短板、强弱项，优化布局，全面推进高标准农田建设，确保农田必须是良田，以农田质量的有效提升补齐我国耕地数量

相对不足的短板，有效破解人多地少缺水的资源瓶颈，确保中国人的饭碗始终牢牢端在自己手中。

(三) 加快建设农业强国，基础支撑在高标准农田

农业强国首先体现在农产品保供能力强、农业竞争力强、农业生产效率和资源利用效率高。实践表明，通过高标准农田建设，耕地产出能力大幅度提高，粮食产能一般提高10%～20%；抗灾减灾能力明显增强，旱能浇、涝能排，大灾少减产，小灾不减产，无灾多丰收；资源利用效率显著提升，肥、药、水的利用率一般提升15%～30%；农业综合效益明显改善，高标准农田亩均节本增效500多元。加快建设农业强国，迫切需要固根基、扬优势，加快把永久基本农田全部建成高标准农田。

(四) 推进农业农村现代化，重要抓手在高标准农田

耕地是农业最基本的生产资料，建设高标准农田，提升耕地现代化水平，能够有效带动农业机械化、信息化、标准化、专业化，实现以基础设施现代化促进农业农村现代化。从各地实践看，高标准农田的规模化经营比例比一般农田高30～40个百分点、机械化水平高15～20个百分点、新型经营主体占比高40多个百分点。

(五) 准确把握高标准农田建设的新形势新任务

近年来，各地各部门大力推进高标准农田建设，取得积极进展。截至2022年底，全国累计建成高标准农田约10亿亩，占耕地面积的一半以上。高标准农田建设进一步夯实了国家粮食安全基础，推动了农业转型升级和现代农业发展，有效提升了农田抗灾减灾能力。在极端气候影响和灾害频发多发的情况下，多年来我国农作物受灾面积年均递减9%，高标准农田功不可没，为支撑全国粮食产量连续多年稳定在1.3万亿斤以上发挥了重要作用。

二、高标准农田建设内容

(一) 田块整治

建成后，农田土体厚度宜达到50厘米以上，水田耕作层厚度宜

在 20 厘米左右，水浇地和旱地耕作层厚度宜在 25 厘米以上，丘陵区梯田化率宜达到 90%以上，田间基础设施占地率一般不超过 8%。

（二）土壤改良

建成后，土壤 pH 值宜在 5.5~7.5（盐碱区土壤 pH 值不高于 8.5），土壤的有机质含量、容重、阳离子交换量、有效磷、速效钾、微生物碳量等其他物理、化学、生物指标达到当地自然条件和种植水平下的中上等水平。

（三）灌溉和排水

建成后，田间灌排系统完善、工程配套、利用充分，输、配、灌、排水及时高效，灌溉水利用效率和水分生产率明显提高，灌溉保证率不低于 50%。旱作区农田排水设计暴雨重现期达到 5~10 年一遇，1~3 天暴雨从作物淹起 1~3 天排至田面无积水；水稻区农田排水设计暴雨重现期达到 10 年一遇，1~3 天暴雨 3~5 天排到作物耐淹水深。

（四）田间道路

建成后，在集中连片的耕作田块中，田间道路直接通达的田块数占田块总数的比例，平原区达到 100%，山地丘陵区达到 90% 以上，满足农机作业、农资运输等农业生产活动的要求。

（五）农田防护和生态环境保护

建成后，区域内受防护农田面积比例一般不低于 90%，防洪标准达到 10~20 年一遇。

（六）农田输配电

建成后，实现农田机井、泵站等供电设施完善，电力系统安装与运行符合相关标准，用电质量和安全水平得到提高。

（七）科技服务

建成后，田间定位监测点布设密度符合要求，农田监测网络基本完善，科学施肥施药技术基本全覆盖，良种覆盖率、农作物耕种收综合机械化率明显提高。

（八）管护利用

全面开展高标准农田建设项目信息统一上图入库，实现有据可查、全程监控、精准管理、资源共享。对建成的高标准农田，要划为永久基本农田，实行特殊保护，确保高标准农田数量不减少，质量不降低。

三、加大投入力度

《全国高标准农田建设规划（2021—2030年）》（以下简称《规划》）是落实“十四五”规划纲要的重要专项规划之一，是指导今后一个时期系统、全面开展高标准农田建设的重要依据和规范性要求。

《规划》明确到2025年累计建成10.75亿亩并改造提升1.05亿亩、2030年累计建成12亿亩并改造提升2.8亿亩高标准农田；到2035年，全国高标准农田保有量和质量进一步提高。并对高标准农田建设的田、土、水、路、林、电、技、管8个方面提出了明确要求。

下一步，国家发展和改革委员会将加大资金支持力度。在中央预算内投资安排上，持续加大对高标准农田建设、大中型灌区等的支持力度，加强投资计划执行情况的监管，推动落实藏粮于地、藏粮于技战略，确保国家粮食安全和重要农产品供给。

还将推动完善相关的政策措施。例如，新建高标准农田和改造提升高标准农田具体投资标准的确定，不同区域高标准农田建设的投资标准，拓宽高标准农田建设的投入渠道，完善工程建设机制、建后管护机制等方面。

要总结和推广各地建设高标准农田，多渠道多方式筹措建设资金的好经验、好做法，引导有条件的地方集中连片建设高标准农田，确保建一块、成一块。

四、强化管护监督

高标准农田建设是提升农业整体效益的重要举措，也是保障粮食安全、惠及民生的大事。纪委监委立足“监督的再监督”职能定位，把高标准农田建设项目落实情况作为专项监督重要内容，督促相关职能部门从严从实履职尽责，确保高标准农田项目建设充分发挥作用。

采取查阅资料、实地查看、座谈走访等方式，紧盯高标准农田项目建设规划、施工等关键环节，重点围绕项目是否征求群众意见建议，项目招投标是否存在违规问题，项目规划设计是否立足村情实际，以及土壤改良、田间道路、灌溉和排水等工程建设是否存在质量问题等方面开展监督检查，并对检查中发现的问题，及时向职能部门和街道进行反馈，督促整改落实。

第二节 强化耕地保护和种植用途管控，严守耕地红线

一、强化耕地保护

耕地是国民经济的基础，同时承担着国家粮食安全、生态安全、社会稳定的重任。因此，强化耕地资源保护极其重要。

（一）加大耕地保护法治建设力度

要按照“重申、细化、补充、修正”的思路，加快推动耕地保护法等立法进程。将耕地保护党政同责、耕地“进出平衡”、耕地“非农化”“非粮化”禁止性规定等要求和政策措施上升为法律规定，强化耕地保护法治保障。严格执法督察，维护土地利用秩序。通过耕地保护（例行）督察、专项督察、日常督察等方式，开展全覆盖耕地保护和土地利用情况督察，强化耕地保护责任；优化自然资源督察流程，统筹抓好重点任务，依据年度变更调查成果，围绕耕地保护突出问题开展监督检查，全面反映地方政府耕地保护情况；综合运用卫片执法、挂牌督办、公开通报等手段，加大对违法违规占用耕地行为的查处力度；稳妥推进农村乱占耕地建房专项整治试点，建立问题清查整治长效监管机制；加强行政执法与刑事司法衔接，涉及犯罪的及时移送司法机关追究刑事责任，向社会释放强化耕地资源保护的强烈信号。

（二）严格耕地保护责任目标考核

全面完成各级“三区三线”划定和国土空间规划编制，实现“数、线、图”一致，纳入国土空间“一张图”管控，逐级签订耕地

保护目标责任书。加强对地方耕地保护利用情况的动态监测监管，及时掌握耕地占补平衡、“进出平衡”落实情况和耕地质量变化情况，将其纳入耕地保护责任目标考核。推进耕地保护责任目标考核结果运用，对完成保护目标、成效显著的给予奖励，对没有完成保护目标的实行补偿性惩罚。层层压实耕地保护目标责任，实行刚性指标考核，党政同责、终身追责，确保耕地资源保护落到实处。

二、土地用途管制

（一）土地用途管制的作用

土地用途管制是在法律指引下管理和限制对土地的使用，在某种程度上具有强制性色彩。对于土地的使用者而言，需要在法律的前提下正确使用土地。土地是人类生存和发展的重要财富，通过土地用途管制能够更好地利用土地。在土地用途管制的影响下，土地的利用才能更好地结合当地实际情况，构建科学的用地结构，让土地能够实现生态效益和经济效益最大化。对于一个国家而言，土地用途管制的缺位很容易导致土地质量下降，植被面积受影响，不利于经济进一步发展。和自然发展规律相适应、和经济规律相一致的土地用途管制对于土地资源利用、国民经济发展都具有重要意义。

（二）土地用途管制的重点

简而言之，土地用途管制重中之重就是保护耕地，在特殊保护的境遇下保障土地资源的数量和质量。

（三）实施土地用途管制的难点

土地用途管制能否有效取决于对难点的把握能力，在实践过程中，面临着用地观念问题、政策措施协调问题、技术问题和法律责任问题等多个方面，具体分析如下。

1. 用地观念问题

多年以来，很多干部认为要搞好经济，就要占用耕地。经济效益往往是评判工作绩效的第一指标，而对耕地的保护则处于次要的位置。对于很多投资商而言，占用耕地比改造旧城的成本更小，利润更大。很多农民的土地被征用，他们可以获得补偿费用，在心理上农民往往“期待”这样的耕地占用。

然而，在这些用地观点促使下，建设用地逐渐“吞噬”了耕地。所以，对于这种用地观念问题的转变是实施土地用途管制的一大难点。

2. 政策措施协调问题

在我国，对于耕地的保护程度已经达到空前加强的境地，但依然存在扩大建设用地的问题，缺乏对非法占用耕地的完善的惩戒措施。为了实现政策措施之间的协调发展，就要站在全局角度上分析政策，实现保障耕地面积和推动建设用地的双重目标，构建协调公正的政策体系。

3. 技术问题

技术问题是土地用途管制的重要问题之一，要明确土地的实际用途，并体现到土地利用的现状上，需要技术的支撑，技术的不到位很容易导致土地纠纷。关于土地利用总体规划问题长期以来都是难题，很多单位并不想实施这样的土地利用总体规划，从而影响土地用途管制的实际效益。掌握土地用途转换状况需要统计数字和监察两部分，但掌握的情况往往是不够全面的。基于此，如何构建完整的土地用途变更监测系统使其成为土地用途管制的决策依据，便成了长期以来土地用途管制不断完善的重中之重。

4. 法律责任问题

不合法、不合理使用土地需要有部门或个体承担法律责任，但是在笼统的制度规定下，对耕地数量破坏和破坏到何种程度才需要承担法律责任都有待商榷，这就导致了执法难度的增加，不利于发挥土地用途管制本身的作用。

（四）土地用途管制的对策分析

通过上述分析可以得知，土地用途管制依然存在很多难题，影响着整体土地管理工作，必须从以下几个方面采取措施，实现土地用途管制的作用。

1. 激发地方政府的工作积极性

中央政府和地方政府是影响土地用途管制实际效果的重要角色，在中央政府积极动员和行动下，如何激发地方政府工作积极性，尤其是基层的市政府和县政府是工作的重点。

第一，要转变地方政府的用地观念，从过去的“占用耕地发展经济”思想转变到“保护耕地”。

第二，要科学地分配土地收益，通过完整的激励制度，将地方政府的绩效考核中纳入土地整理、土地复垦和开发中，用科学的指标体系激励地方政府做好土地用途管制。

2. 提升技术综合水平

首先，要利用好土地利用总体规划，就要明确当前每一寸土地的用途，这是控制土地用途变更的基础，通过明确的位置明示和边界明示，构建清晰的土地用途框架，在现状图上标示清楚。通过制定清楚的土地利用规划图，为下一步农用地用途转用和征地审批奠定基础。实现土地用途管制和土地利用规划实施的有机结合，改变过去忽视实施的问题。其次，要完善土地用途变更监测预警体系，做好土地变更的等级，将其视为日常工作，加大重视力度，定期公布土地用途变更状况。通过完整的监测网络，构建全国范围内的监测网，及时跟踪和监测土地用途变更及其对周围环境的影响。最后，耕地保护预警系统也是不可忽视的一部分，要结合我国的实际情况制定人均耕地警戒值，通过合理的土地质量评价标准，做好土地质量维护工作。

3. 不断完善土地用途管制政策体系

制定有关土地产权主体、管理者之间的利益分配政策，一方面有利于做好耕地保护工作，另一方面还有利于处理中央政府和地方政府的关系，通过科学的租税费体系，能够保障耕地易地合理开发。对农民集体土地产权主体实施土地登记、发证制度，以明晰每一个具体农民集体土地所有权主体是乡（镇）农民集体或是村农民集体，或是村民小组农民集体，以激励农民合理用地，保护土地的积极性。从管理体制的层面来看，实现国土资源管理机构的垂直领导才能发挥国土资源管理部门的作用，保障整体的土地用途管制职能履行。

4. 构建土地监察网络，加大土地执法的力度

土地监察网络需要各级土地管理所的配合和重视，及时监察和检查出现的违反土地法律法规的行为，提升土地用途管制工作的公平和公正。在进行处罚时，需要把握合理的度，注重效益的同时还要注重力度，通过执法力度的加强，严厉打击擅自更改土地用途的行为，并追究违法人员的法律责任。

5. 培育高素质的土地管理队伍

土地用途管制需要高素质的专业人才，在多样化的教育体系下，不断提升土地管理人员的计算机能力、法学素养和经济学水平等，为推动土地用途管制发展提供保障，用专业的素养和能力提升土地用途管制工作的实效性。

三、提升耕地质量

耕地质量建设是耕地保护的重要内容，关系粮食安全、环境保护和农业可持续发展。耕地质量提升综合技术推广以提高农业综合生产能力、促进农业可持续发展为目标，因地制宜集成推广秸秆还田、绿肥种植、增施有机肥料、酸化土壤改良、水肥一体化等培肥改土技术；多措并举改良土壤；协调土壤理化性状、改善土壤缓冲性能、防控农田生态环境污染；提高耕地持续生产能力；促进作物高产稳产。

（一）核心技术

1. 酸化土壤改良培肥

在土壤有机质含量降低的旱地或水田酸化严重区域（土壤 pH 值为 3.5~5.5），使用石灰和酸性土壤调理剂产品，配合土壤培肥改良措施，提升耕地质量，提高作物产量和品质。即在应用测土配方施肥成果的基础上，分析土壤酸化程度和应用范围，合理确定土壤调理剂施用量及方法。石灰推荐使用量一般每亩 50~75 千克；应选择重金属含量低、质量安全的产品，土壤调理剂产品须经农业农村部登记；重

金属、有害物质含量必须达到国家有关标准要求；不得选择可能污染农田的、以矿渣等为原料的土壤调理剂产品；土壤酸化调理剂在农田翻耕前均匀撒在旱地或水田表面，播种或栽插前将土壤调理剂翻入土层，并与耕层土壤充分混合。

2. 盐碱土壤改良培肥

在沿海及淮北部分地下水位较高的灌区，盐碱化成为影响耕地质量、制约土壤有机质提升的主要因素。使用石膏和其他盐碱土壤调理剂产品，配合土壤培肥技术，对盐碱土壤（pH 值为 7.5~9.5）进行改良，提高作物产量和品质。石膏应选择重金属含量低、质量安全的产品。土壤调理剂产品须经农业农村部登记。重金属、有害物质含量必须达到国家有关标准要求。

（二）配套技术

1. 秸秆还田

包括水稻、小麦、玉米等秸秆全量机械化粉碎还田、水稻秸秆覆盖与留高茬还田、小麦秸秆墒沟埋草还田等。其中，全量麦草还田机械旋耕技术指通过大动力机械进行小麦秸秆全量还田，辅以施用秸秆腐熟剂，并适量增加氮肥，基施比例调节碳氮比至 25∶1 左右，加快麦草快速腐熟。墒沟埋草还田技术指在没有大动力机械的地区，对部分麦草进行本田还田后，将多余的秸草利用麦田墒沟进行埋草，并施用秸秆腐熟剂促进麦草快速腐熟，腐熟的草泥下茬施用本田。

2. 种植绿肥

选择净度、纯度、发芽率、水分含量等指标达到国家三级种子标准的紫云英、蚕豌豆、苕子等绿肥品种，适时进行选种、擦种、浸种和拌种。在冬闲田或耕作制度适合绿肥种植的区域进行适时播种，新种植区域用根瘤菌接种。利用稻田种植绿肥的，播种时稻田土壤保持湿润，力争做到均匀。水稻收割后，开好“井”字沟和田边沟，达到沟沟相通，排灌自如。

保持田面湿润而不积水的同时适当施用磷肥，达到“以小肥换大肥”的目的。

3. 商品有机肥

应当根据当地土壤有机质含量、腐殖化系数、土壤有机质年矿化率确定维持耕层土壤有机质平衡的有机肥用量，具体依据当地土壤养分供应状况、作物类型和目标产量而定。应用测土配方施肥原理采用同效当量法，确定亩施用商品有机肥数量，实行有机肥与无机肥相结合。

四、加快土壤普查

（一）普查对象

普查对象为全国耕地、园地、林地、草地等农用地和部分未利用地的土壤。其中，林地、草地重点调查与食物生产相关的土地，未利用地重点调查与可开垦耕地资源相关的土地，如盐碱地等。

（二）普查内容

包括土壤性状普查、土壤类型普查、土壤立地条件普查、土壤利用情况普查、土壤数据库和土壤样品库构建、土壤质量状况分析、普查成果汇交汇总等。以完善土壤分类系统与校核补充土壤类型为基础，以土壤理化性状普查为重点，更新和完善全国土壤基础数据，构建土壤数据库和样品库，开展数据整理审核、分析和成果汇总。查清不同生态条件、不同利用类型土壤质量及其退化与障碍状况，摸清特色农产品产地土壤特征、耕地后备资源土壤质量、典型区域土壤环境和生物多样性等，全面查清农用地土壤质量家底。

1. 土壤性状普查

通过土壤样品采集和测试，普查土壤颜色、质地、有机质、酸碱度、养分情况、容重、孔隙度、重金属等土壤物理、化学指标，以及满足优势特色农产品生产的微量元素；在典型区域普查植物根系、动物活动、微生物数量、类型、分布等土壤生物学指标。

2. 土壤类型普查

以第二次全国土壤普查（简称土壤二普）形成的分类成果为基础，通过实地踏勘、剖面观察等方式核实与补充完善土壤类型。同时，通过土壤剖面挖掘，重点普查 1 米土壤剖面中沙漏、砾石、黏磐、砂姜、白浆、碱磐层等障碍类型、分布层次等。

3. 土壤立地条件普查

重点普查土壤野外调查采样点所在区域的地形地貌、植被类型、气候、水文地质等情况。

4. 土壤利用情况普查

结合样点采样，重点普查基础设施条件、种植制度、耕作方式、灌排设施情况、植物生长及作物产量水平等基础信息，肥料、农药、农膜等投入品使用情况，农业经营者开展土壤培肥改良、农作物秸秆还田等做法和经验。

5. 土壤数据库构建

建立标准化、规范化的土壤空间和属性数据库。空间数据库包括土壤类型图、土壤质量图、土壤利用适宜性评价图、地形地貌图、道路和水系图等。属性数据库包括土壤性状、土壤障碍及退化、土壤利用等指标。有条件的地方可以建立土壤数据管理中心，对数据成果进行汇总管理。

6. 土壤样品库构建

依托科研教育单位，构建国家级和省级土壤剖面标本、土壤样品储存展示库，保存主要土壤类型样品和主要土属的土壤剖面标本和样品。有条件的市县可建立土壤样品储存库。

7. 土壤质量状况分析

利用普查取得的土壤理化和生物性状、剖面性状和利用情况等基础数据，分析土壤质量，评价土壤利用适宜性。

8. 普查成果汇交汇总

组织开展分级土壤普查成果汇总，包括图件成果、数据成果、文字成果和数据库成果。开展土壤质量状况、土壤改良与利用、农林牧业生产布局优化等数据成果汇总分析。开展40年来全国土壤变化趋势及原因分析，提出防止土壤退化的措施建议。开展黑土耕地退化、耕地土壤盐碱和酸化等专题评价，提出治理修复对策。

（三）普查技术路线与方法

以土壤二普、第三次全国国土调查（简称国土三调）、全国农用地土壤污染状况详查、农业普查、耕地质量调查评价、全国森林资源清查固定样地体系等工作形成的相关成果为基础，以遥感技术、地理信息系统、全球定位系统、模型模拟技术、现代化验分析技术等为科技支撑，统筹现有工作平台、系统等资源，建立第三次全国土壤普查（简称土壤三普）统一工作平台，实现普查工作全程智能化管理；统一技术规程，实现标准化、规范化操作；以土壤二普土壤图、地形图、国土三调土地利用现状图、全国农用地土壤污染状况详查点位图等为基础，编制土壤三普统一工作底图；根据土壤类型、地形地貌、土地利用现状类型等，参考全国农用地土壤污染状况详查点位、全国森林资源清查固定样地等在工作底图上统一规划布设外业调查采样点位；按照检测资质、基础条件、检测能力等，全国统一筛选测试化验专业机构，规范建立测试指标与方法；通过“一点一码”跟踪管理，构建涵盖普查全过程统一质控体系；依托土壤三普工作平台，国家级和省级分别开展数据分析和成果汇总；实现土壤三普标准化、专业化、智能化，科学、规范、高效推进普查工作。

1. 构建平台

利用遥感、地理信息和全球定位技术、模型模拟技术和空间可视化技术等，统一构建土壤三普工作平台，构建任务分发、质量控制、进度把控等工作管理模块，样点样品、指标阈值等数据储存模块，数据分类分析汇总模块等。

2. 制作底图

利用土壤二普土壤图、地形图，国土三调土地利用现状图、最新行政区划图等资料，统一制作满足不同层级使用的土壤三普工作底图。

3. 布设样点

在土壤普查工作底图上，根据地形地貌、土壤类型、土地利用现状类型等划分差异化样点区域，参考全国农用地污染状况详查布点、全国森林资源清查固定样地等，在样点区域上采用“网格法”布设土壤外业调查采样点；根据主要土壤土种（土属）的典型区域布设剖面样点。与其他已完成的各专项调查工作衔接，确保相关调查采样点的同一性。样点样品实行“一点一码”，作为外业调查采样、内业测试化验等普查工作唯一信息溯源码。

4. 调查采样

省级统一组织开展外业调查与采样。根据统一布设的样点和调查任务，按照统一的采样标准，确定具体采样点位，调查立地条件与土壤利用信息，采集表层土壤样品、典型代表剖面样等。表层土壤样品按照“S”形或梅花形等方法混合取样，剖面样品采取整段采集或分层取样。

5. 测试化验

以国家标准、行业标准和现代化验分析技术为基础，规范确定土壤三普统一的样品制备和测试化验方法。其中，重金属指标的测试方法与全国农用地土壤污染状况详查相衔接一致。开展标准化前处理，进行土壤样品的物理、化学等指标批量化测试。充分衔接已有专项调查数据，相同点位已有化验结果满足土壤三普要求的，不再重复测试相应指标。选择典型区域，利用土壤蚯蚓、线虫等动物形态学鉴定方法和高通量测序技术等，进行土壤生物指标测试。

6. 数据汇总

按照全国统一的数据库标准，建立分级的数据库。以省份为单位，采用内外业一体化数据采集建库机制和移动互联网技术，进行数据汇总，形成集空间、属性、文档、图件、影像等信息于一体的土壤三普数据库。

7. 质量校核

统一技术规程，采用土壤三普工作平台开展全程管控，建立国家和地方抽查复核和专家评估制度。外业调查采样实行“电子围栏”航迹管理，样点样品编码溯源；测试化验质量控制采用平行样、盲样、标样、飞行检查等手段，化验数据分级审核；数据审核采用设定指标阈值进行质控，阶段成果分段验收。

8. 成果汇总

采用现代统计方法等，对土壤性状、土壤退化与障碍、土壤利用等数据进行分析；利用数字土壤模型等方法进行数字制图，进行成果凝练与总结。

第三节　加快推进农业关键核心技术攻关

一、肯定成绩

近年来，随着科技进步，过去那种面朝黄土背朝天的手工劳动已经成为历史，农业科技水平持续攀升，农业综合效益和竞争力不断提高，创新成果不断涌现。过去的农业生产主要依靠施化肥、用水浇等传统方式，投入的主要是人力和畜力，而现在则主要依靠科技投入，依靠机械动力甚至是人工智能。正是基于这种转变，农业科技创新成果才不断涌现。

二、加快突破关键核心技术，增强农业竞争力

（一）明确农业关键核心技术的范畴

要想加快突破农业关键核心技术，首先就要明确哪些是关键核心技术。2019 年一号文件指出，推动生物种业、重型农机、智慧农业、绿色投入品等领域自主创新，这四类技术就是关键核心技术。例如，前期的优质种子技术，近年来粮食增产的重要因素就是种子技术不断突破，像袁隆平的杂交水稻；产中的生物防治病虫害技术、有机肥个性配方技术、增产护理技术、智能监控技术等；后期的深加工技术、收储技术等；贯穿始终的联合大型农机具技术等，都是关键核心技术。

只有找准了农业科技创新的发力点，集合精锐力量，做出战略安排，才能加快实现关键核心技术的突破。

（二）把握农业科技发展方向，加强技术交叉融合

应加快促进农业技术与现代信息技术等的协同创新，加强技术交

叉融合，力争在智慧农业、数字农业等方面形成一批原创性、颠覆性的科技成果，从而拓展农业发展领域、培育农业发展新动能。例如作为中国传统文化符号的茶叶，病虫害、霜冻、过高的农残一直是当下最严重的问题。例如霜冻，之前一直是通过点烟法来防治的，但是也存在一些问题，例如天气预报不可能精准地预测出具体什么时间上冻，哪块区域上冻，需要什么时候放烟，放多少烟等。

(三) 科技创新和制度创新“双轮驱动”

发展农业科技，既要有深入研究的硬功夫，也要有机制改善的软环境。要做到科技创新和制度创新“双轮驱动”，提升农业科技创新体系整体效能。

例如，要促进农科教、产学研一体化发展，引导科研人员把论文写在农业生产的田间地头上。要深化国际科技交流合作，积极主动融入全球科技创新网络，发挥我国旱区农业科技优势，与“一带一路”建设参与国开展农业科技合作。

三、突破关键核心技术，增强农业竞争力

我国农业竞争力不强，很大程度上是因为缺乏关键核心技术。提升我国的农业竞争力，需要坚持科技强农，提高我国农业科技创新能力，加快实现关键核心技术突破。农业科技实现关键核心技术突破，首先，需要明确哪些是关键核心技术，找准亟须突破的技术瓶颈，加强相关基础科学研究，力争解决一批重大基础性科学问题。然后，就是要推动技术交叉融合，加快促进农业技术与现代信息技术、现代工程技术、新材料技术、新能源技术等的协同创新，力争在智慧农业技术、数字农业技术等方面形成一批原创性、颠覆性科技成果，拓展农业发展领域，培育农业发展新动能。最后，改善机制“软环境”，推进科技体制改革，加强国家科技创新体系建设，做到科技创新和制度创新“双轮驱动”，最大限度解放和激发科技作为第一生产力所蕴藏的巨大潜能，促进农科教、产学研一体化发展。

四、推进科技创新

随着现代化进程的不断加快，我国的经济发展得到了飞速的发展，我国也不断提高农业现代化的覆盖度，并取得了较好的成效。目前我国的农业发展已经呈现出规模化和现代化，为了进一步提高农业产量，提高我国农业的竞争力，有关人员应该继续加强农业科技的创新。

（一）科技创新已成为我国当前农业发展的首要问题

新形势的大背景下，各领域竞争激烈，稍不留意就会被远远甩开，因此农业的科技创新已然成为我国农业发展的首要问题。20世纪，我国著名杂交水稻专家袁隆平老先生培育出了震惊世界的“东方魔稻”，解决了世界的饥饿问题，提高了我国的国际声誉。因此农业的科技创新对于国家的发展意义重大，目前我国农民的压力巨大，一方面要应对自然灾害对农田的损害，另一方面还要承担着市场的风险，越来越多的人放弃了农业的经营，我国的农业发展受到了制约。在这种农业经营者大幅度缩水的背景下，农业的科技创新至关重要，科技创新是解放生产力的最为有效的方法，我国可以通过自动化生产实现资源的有效替代。农业的发展与农民的增收在新阶段出现了徘徊的局面，这主要是因为农产品的质量无法满足当代市场的需求，为了解决这一问题，应该通过科技创新的手段提高农产品的质量，以市场需求为出发点，多生产满足顾客需求的农副产品，提高农民的经济收入。

（二）农业技术创新的作用

1. 提高农业生产效率

科技的创新对于农业产量的提高有着至关重要的作用。随着我国农业机械化水平的提高，我国的农产品产量得到了质的飞跃。由于我国地大物博，南北地形差异大，农业发展的类型大不相同。在一些山地地区，农业不能够得到大规模的种植，为了提高山地的农业覆盖率，就需要进行农业技术的创新，加强对土地资源的利用效率。农业技术的发展是提高农业的根本，而我国作为农业大国，更应该加强农业的技术创新，因地制宜，以此来提高我国的农业生产效率。

2. 提高农业生产质量

传统的农业生产中，亩产量较低，由于农作物本身基因不够完善，受自然条件约束大，因此粮食的产量提高不上去。为此科研人员通过农业技术创新，包括自动化机械的投入使用、农作物的杂交等，极大提高了农业的生产效率。先进的农业技术还包括对于土地资源的合理利用，例如什么样的土地适合什么样的农作物生产，不仅如此，温室大棚的投入使用还解决了农产品的季节问题，极大提高了农产品的价格，增加了农民的经济收入。因此，农业技术的创新有利于农业产量的提升。

（三）我国农业技术发展现状

1. 农业生产技术缺乏一定的创新性

调查报告显示，尽管我国鼓励农民进行现代化生产，但是由于资金不足和专业知识掌握不足，我国的农业依旧处于比较落后的生产状态。农业的生产缺乏创造性，部分技术人员一味地去引进国外的农业技术，但是却不在专业知识上下功夫，导致我国出现过分依赖国外农业技术的局面，而自身农业技术的创新能力明显不足，一定程度上制约了我国农业的发展，因此有关部门应该予以高度重视，挖掘农业创新型人才，为我国农业的发展打下扎实的基础。

2. 产学研用衔接不紧密

在我国有关政策的不断激励下，越来越多的人认识到了农业技术创新的重要性，大量的科研人才开始投身农业技术创新中，我国的农业创新得到了很大程度上的发展，不仅如此，国家还斥资选购国外农业生产的高端技术进行研究和投入使用，为我国农业的发展做出了巨大的贡献。但是却出现了这样一种局面，多数的科研人员过分看重自身的利益，过分重视自己科技成果的专利申请，但是却不将科研成果推广到农业生产中去，导致这些成果只是空有一定的价值，但是无法和农业生产进行衔接，对于我国的农业发展毫无作用，科研成果的实际应用效果不佳，因此国家应该设法改变这一局面，加强新技术与农业生产的衔接，更好地促进我国的农业发展。

（四）我国农业技术创新策略

1. 强化农业生产与管理体制的改革，鼓励创新

基层发展是我国农业技术创新的基础，因此我国应该重视对农业基层的管理，推进农业生产管理体制的改革，引进国外先进的生产设备，将其应用到农业的日常生产中去，加快农业生产现代化进程，持续优化改革农业的生产方式，实现我国传统农业生产的转型。除此之外，政府还应该鼓励农业生产技术创新，加大资金的投入力度，辅助科研人员更好地对农业技术进行深入研究，选拔优秀的人才出国学习农业生产的新技术和新理念，为日后国家农业生产的大转型指明方向。

基于此，才能实现我国农业生产技术水平的创新，确保农业的整体发展和进步。

2. 加强农业科技成果转化

如今我国农业技术的研究群体广大，其中包括专业的科研团体、高校的研究组织、农业生产的经营者等，他们为我国的农业技术做出了巨大的贡献，但是受各方条件的限制，导致大量的农业新技术无法应用到日常生产中去，因此我国应该加强对农业科技成果的转化，以此来保障我国农业科技成果的稳定性以及效率。

农业的发展对于我国而言至关重要，它不仅对于国家的稳定有着重要的作用，还能够提高我国的国际影响力，因此国家应该加强我国的农业发展。在新形势的大背景下，越来越多的科研技术应用到了农业生产，我国也应该紧跟时代的步伐，加强农业技术的创新，引进先进的农业生产技术和管理经验，推动农业实现现代化。

五、完善创新体系

科技是第一生产力，加强促进农业农村现代化的科技创新服务、

推动完善农村科技创新体系，为现代农业发展提供强有力的技术支撑，是实施乡村振兴战略的有力抓手。对此，既要整体构建农村科技创新体系的四梁八柱，也要不断夯实现有的农村科技创新基础，积极吸引多元主体协同参与农村科技创新工作，更好积聚农村科技创新体系的主体动能。

（一）整体构建农村科技创新体系

加速构建农村科技创新体系必须着眼现代农业和农村发展的大局，进行务实有效的顶层设计。特别是要全方位规划、整体性构建农村科技创新体系的四梁八柱，不断健全农村科技创新工作的各项制度，并尽快形成具有可操作性的一揽子政策。一方面，可考虑从国家层面构建匹配乡村振兴战略的科技创新体系的整体性制度，进一步明确农村科技创新体系的主体框架和其他配套制度。既要精准把握农村科技创新工作及体系的重要地位、价值作用、建设内容和发展目标，同时也要高度关注、切实推进组织领导、财政投入、工作考核以及人才培育等方面的制度设计工作。另一方面，需加大统筹力度，尽快构建农村科技创新体系的政策体系，制定具体的行动方案和建设路线图，使相关工作早日见到实效。

此外，在农村科技创新体系改革优化进程中，各地也要大胆开展试点工作和探索尝试，鼓励基层政府和农村组织勇于突破现有制度藩篱，为农村科技创新工作提供更大的创新空间和行动空间。

（二）不断夯实现有农村科技创新基础

为了促进农业科学技术的推广和农业现代化发展，我国已经初步建立起了一套覆盖范围广、受惠对象多的农村科技推广体系，当前主要以农业技术推广站的形式存在。但囿于农村科技推广体系力量薄弱以及农户接受能力较差等因素影响，当前的科技下沉与服务农户的效果并不理想。

因而，既要积极变革现有的农村科技推广体系，努力提高先进农业科学技术在推广体系内的流动效率，也应逐步增加相应的农户培育等课程内容，不断提高农民对先进科技的理解能力和接受能力。

与此同时，各地也要继续开展科技特派员工作，鼓励科技工作者深入田间地头为农民提供现场指导，更好应对农业生产发展中的具体难题。更需着力完善细化科技特派员工作制度，不断充实科技特派员工作队伍，并通过多项优惠政策扶持，让广大科技工作者能够下得去、立得住、干得好。当然，农村也要提供开展科技服务工作的便利条件，增强农村对科技工作者的吸引力。

（三）吸引多元主体协同参与

推进农村科技创新工作时，应该实现多元主体的共同参与、协同行动，既要充分发挥各级政府和相关部门的支持引导作用，也要积极赢得农民和其他社会组织的全力参与和配合。

具体来看，行动主体包括各级政府、农民及自治组织、农业龙头企业、生产合作社、农业高等院校和涉农类社会组织等。吸引多元主体协同参与，应大力支持农民的自主创新和合作创新行为，并为其实现创新成果转化提供必要帮助；在农村尝试构建以农业龙头企业、农业生产合作社为主体的科技创新体系；充分发挥农业高等院校的外脑作用，鼓励这些高校和农业类科研机构深入农村基层，积极了解农民和现代农业的发展需求；涉农类社会组织也有望成为支持农村科技创新体系建设的重要外部力量，各地应积极引导、充分发挥这类组织的作用。

（四）集聚农村科技创新体系的主体动能

构建农村科技创新体系是一项系统性工程，建设环节多、工作任务重，为此必须为农村科技创新工作集聚起源源不断的主体动能。其中，最为关键的就是打造一支“爱农业、爱农村、爱农民”的农村科技创新人才队伍。既要关注对当前农村科技人才的挖掘、引导、教育工作，也要积极统筹未来对农村科技人才的持久培育计划。一方面，基层政府和农村应该不断营造多种类型的科技创新环境，为“土秀才”“田专家”“乡村能人”等施展才华提供平台。另一方面，尽快启动培养“订单型”科技人才和建设农村科技创新人才定点培养等相关工程。

（五）科学设计农村科技创新的财政扶持体系

当前，我国农村科技创新的资金投入相对有限，在很大程度上束缚着许多创新工作的开展。总的来说，我国农村科技创新工作比较依赖政府投入，还不能系统广泛地筹集创新资金，这也是构建农村科技创新体系的短板，为此应该科学设计农村科技创新的财政扶持体系。政府要继续在科技创新资金筹集方面发挥重要作用，通过不断健全农村科技财政投入机制，为农村科技创新工作提供充足的财政资金，并借助优惠政策积极引导各种类型的创新工作；构建公平的科技创新收益分享、风险共担机制，鼓励社会组织参与农村科技创新投入，并大胆吸引农民参与投资，构建一种多主体参与的资金筹集模式；在农村科技创新资金筹集中，鼓励更多采用“互联网+金融”等创新模式，为科技创新工作提供更为精准的资金支持，同时也能更有针对性地为农民服务。

六、深化科技体制机制改革，夯实全面创新基础

2021 年，国家发展改革委、科技部发布《关于深入推进全面创新改革工作的通知》，明确统筹推进科技体制改革和经济社会领域改革的四项重点任务，即构建高效运行的科研体系、打好关键核心技术攻坚战、促进技术要素市场体系建设和包容审慎监管新产业新业态。

进入新发展阶段，我国发展面临的内外环境都发生了深刻复杂的变化，经济社会发展和民生改善比以往任何时候都更加需要科学技术提供解决方案，更需要坚持创新驱动引领高质量发展。创新决胜未来，改革关乎国运。科技领域是最需要不断改革的领域。以科技体制机制改革为抓手和主线，是全面创新改革的重要实践路径。

首先，加快推进科技领域体制机制改革，促进创新链深度融合刻不容缓。当前，我国科技发展水平特别是关键核心技术创新能力同国际先进水平相比仍有较大差距，存在重点产业“缺核少芯”、关键核心技术受制于人等问题。要确保经济社会安全和高质量发展，必须加

快关键核心技术攻关、有效破解“卡脖子”技术难题。同时，关键核心技术投资周期长、试错成本高、市场应用风险大，产业资本往往不愿意涉足。过去依赖要素投入、规模化扩张的发展模式已无法适应新发展要求，面对科技领域“卡脖子”“断链”等问题，我们必须在核心技术领域持续实现突破，掌握更多具有自主知识产权的关键技术，掌控自己的发展主导权。这既是国家实现治理现代化的需要，也是防范外部风险的需要。

其次，加快以企业为核心的协同创新建设，提升科技资源和创新资源转化能力。企业是创新主体，要发挥企业在技术创新中的主体作用，使企业成为创新要素集成、科技成果转化的生力军。目前，我国企业尤其是大型国有企业和龙头企业，在创新链环节的主体地位仍需进一步提升，以技术创新引领全面创新的速度应进一步加快，企业亟待解决创新资源优势转化为企业发展优势的效能不高，对基础研究重视不够，重大原创性成果缺乏，底层基础技术、基础工艺能力不足等问题。今后需要加快建立以大型央企、行业龙头企业为核心的系统创新体系，充分发挥企业在技术创新决策、研发投入、科研组织、成果转化的骨干作用，成为引领技术创新和联合攻关的国家战略力量。形成以企业为主体、市场为导向、产学研用深度融合的技术创新体系。

再次，加快科技创新评价体制机制改革，构建高效运行的科研体系。坚持按目标成果、绩效考核为导向进行科技资源分配，统筹科技资源，构建总体布局合理、功能定位清晰、具有中国特色的科技计划体系和管理制度。按照市场规律和需求进行创新，提高资源整合和使用效率，避免出现大量重复、浪费、低效、低质、缺乏转化价值的成果。围绕成果转化、股权激励、税收等关键环节，持续推进科技体制机制改革，打破制约科技成果转化的瓶颈，在收益分配上有效激发科技人员对成果转化的积极性。加快科技成果产权制度改革，以制度和机制解决技术转移中高校院所科技成果权属的问题。对于技术中心或转制科研院所，在薪酬、考核、晋升等激励方面制定与研发工作和创新规律相符合的政策措施。

第四节　深入实施种业振兴行动，加快资源普查

全面完成全国农业种质资源普查，加快国家畜禽和水产种质资源库建设，构建开放协作、共享应用的种质资源精准鉴定评价机制。

一、全国农业种质资源普查

2021 年 3 月，农业农村部发布《关于开展全国农业种质资源普查的通知》，要求自 2021 年起，利用 3 年时间，在全国范围内组织开展农业种质资源普查，摸清我国农作物、畜禽和水产种质资源家底。

（一）重要意义

农业种质资源是保障国家粮食安全和重要农产品有效供给的战略性资源，是农业科技原始创新与现代种业发展的物质基础。随着工业化城镇化进程加快、气候环境变化以及农业种养方式的转变，地方品种消失风险加剧，群体数量和区域分布发生很大变化，野生近缘植物资源急剧减少，一旦消失灭绝，其蕴含的优异基因、承载的传统农耕文化也将随之消亡，生物多样性也将受到影响，损失难以估量。2015 年启动的第三次全国农作物种质资源普查与收集行动已进入攻坚阶段，第二次全国畜禽遗传资源调查已过去了十几年，水产养殖种质资源尚未开展过全国性普查。为此，迫切需要有组织地开展涵盖农作物、畜禽、水产的全国农业种质资源普查工作，加快摸清家底和种质资源发展变化趋势，开展抢救性收集保护，发掘一批优异新资源，为提升种业自主创新能力、打好种业翻身仗奠定种质基础。

（二）总体安排

2021—2023 年，组织开展全国农作物、畜禽和水产种质资源普查。其中，要全面完成第三次全国农作物种质资源普查与收集行动，实现对全国 2 323 个农业县（市、区、旗）的全覆盖；启动并完成第三次全国畜禽遗传资源普查，实现对全国所有行政村的全覆盖；启动并完成第一次全国水产养殖种质资源普查，实现对全国所有养殖场

（户）主要养殖种类的全覆盖。通过普查，摸清全国农作物、畜禽和水产养殖种质资源种类、数量、分布及主要性状等基本情况，掌握变化情况与趋势，发布种质资源普查报告，有效收集和保护珍稀、濒危、特有资源，实现应收尽收、应保尽保。

（三）组织实施

按照“全国统一领导、地方分级负责、各方共同参与”的原则，对农作物、畜禽和水产种质资源普查实行统一部署、分头实施、整体推进。农业农村部成立全国农业种质资源普查工作领导小组，领导小组办公室设在种业管理司，负责统筹协调等具体工作。在中国农业科学院作物科学研究所、全国畜牧总站、农业农村部渔业渔政管理局（会同全国水产技术推广总站、中国水产科学研究院）分别设立农作物、畜禽、水产养殖种质资源普查工作办公室，分头负责组织实施本领域的普查工作。

二、全国农业种质资源普查举措

2021 年 3 月，农业农村部启动了中华人民共和国历史上规模最大的农业种质资源普查。8 个月来，各地各有关部门高度重视、精心组织、扎实推进，目前取得了阶段性进展，一些濒临灭绝的资源又重获发现。

农业种质资源是国家战略性资源，事关种业振兴全局。没有种质资源作基础，再先进的育种技术和保障条件，也不能凭空育出新的品种。中华人民共和国成立以来，我国先后组织过两次全国农作物和畜禽种质资源征集调查，水产种质资源迄今还没有开展过全国性调查。事实上，农业种质资源无论在种类数量和区域分布上，都始终处于动态变化中，特别是工业化、城镇化和气候变化加剧了资源消失的风险。新形势下，开展全国性的农业种质资源普查，加快摸清资源家底、实施抢救性收集保护、发掘一批优异新资源，已成为实现种业科技自立自强、种源自主可控的一项紧迫任务，对打好种业翻身仗、推进种业振兴意义重大。

党中央、国务院高度重视种质资源工作。2021 年中央一号文件和《政府工作报告》明确把加强种质资源保护利用列为重点工作。3 月 23 日，全国农业种质资源普查电视电话会议召开。会议指出，做好农业种质资源普查和保护是打好种业翻身仗的第一仗。7 月 9 日，习近平总书记主持中央全面深化改革委员会第二十次会议，会议强调要打牢种质资源基础，做好资源普查收集、鉴定评价工作，切实保护好、利用好。中央印发的种业振兴行动方案将农业种质资源保护列为首要行动，把种质资源普查作为种业振兴“一年开好头、三年打基础”的首要任务。

农业农村部认真贯彻落实党中央、国务院决策部署，在有关部门的大力支持下，在全国启动了农作物、畜禽和水产种质资源普查，组织规模之大、覆盖范围之广、技术要求之高、参与人员之多，都是历史上没有过的。重点从以下 7 个方面入手。

(一) 强化统一部署

农业农村部印发了全国农业种质资源普查工作方案，从 2021 年起，利用 3 年时间，全面完成农作物、畜禽和水产资源普查，摸清资源的种类、数量、分布和性状等家底，抢救性收集保护一批珍稀、濒危、特有资源，实现应收尽收、应保尽保。

(二) 强化上下联动

农业农村部成立了资源普查工作领导小组，分别设立农作物、畜禽、水产普查工作办公室和技术专家组。各省份也成立了相应的组织。县级进一步加强力量配备，确保全国一盘棋部署、一体化推进。

(三) 强化科技支撑

这次普查专业性、技术性都很强，全国自上而下组织了多种形式的技术培训，累计培训超过 300 万人次。充分运用信息化手段，开通了普查网站，研发了信息系统 PC 端和手机 App，有效提高普查效率和精准性。

(四) 强化调度指导

建立了月调度制度，及时通报普查工作进展。农业农村部领导带队赴黑龙江、海南、西藏、青海等地开展调研指导。中国工程院刘旭院士带领专家组，先后赴吉林、甘肃、云南等十省区市巡回指导。各地也加大督促力度，推动普查落实落地。

截至目前，农作物种质资源方面已全部完成共 2 323 个县的普查与征集，畜禽方面行政村普查覆盖率达到 97.6%，水产方面普查覆盖率超过 95%，普查工作取得了阶段性成效。

（五）发现了一大批新资源

新收集农作物种质资源 2.08 万份，新发现鉴定畜禽遗传资源 18 个，新收集水产养殖种质资源 3 万余份。这些资源有的年代久远、有的珍稀濒危、有的承载了农耕文明和传统文化，特别是填补了青藏高原畜禽遗传资源普查的空白。水产普查也发现了一批地方特色资源。

（六）抢救保护了一批珍稀资源

新采集猪、马、牛、羊、鹿、骆驼六大畜种的遗传材料 5 万份。中山麻鸭、上海水牛等濒临灭绝品种，在这次普查中重新发现并得到妥善保护，这进一步坚定了做好普查工作的信心和决心，也是这次普查中的重大收获。值得一提的是，从 2021 年开始，中央财政新增资金 1.15 亿元，用于保护 159 个国家级畜禽遗传资源，这些资源“国宝”从此也有了稳定的口粮。各地也加大了普查保护投入力度。

（七）国家级种质资源库建设取得重要进展

国家农作物种质资源库已于 2021 年 9 月完成建设并投入试运行，国家畜禽种质资源库 7 月已批准立项，国家海洋渔业生物种质资源库 10 月已正式投入运行。

此外，国家农业微生物种质资源库升级改造有关工作也开始启动。这些都是我国农业种质资源长期战略保存的重要设施，是“国之重器”。2021 年 11 月，农业农村部组织专家分别遴选出十大农作物、十大畜禽、十大水产优异种质资源，并予以发布。农作物十大优异种质资源有庄红贡米、濮阳莛子麦、珍珠玉米、海萝卜、芹菜、维西糯山药、芮枣、大果型野生猕猴桃、达川乌梅、永兴棉花；畜禽十大优异种质资源有查吾拉牦牛、帕米尔牦牛、凉山黑绵羊、玛格绵羊、岗巴绵羊、霍尔巴绵羊、多玛绵羊、苏格绵羊、泽库羊、阿克鸡；水产十大优异种质资源有长江刀鱼、鳙浪白鱼、中华鳑鲏、黑斑原鮡、黄唇鱼、黄鳍金枪鱼、锦绣龙虾、中华圆田螺、中华鲎、红毛菜。

农业种质资源普查保护时间紧迫、责任重大。普查工作在各级党委政府、有关部门、相关单位、普查队员的共同努力下，在广大农牧民的积极参与下，克服新冠疫情、自然灾害等不利因素，取得了积极进展，并为下一步工作打下良好基础。

三、构建开放协作、共享应用的种质资源

(一) 畜禽种质资源的信息共享

我国实现了已经数字化的畜禽种质资源共性和个性数据的网络化共享，通过“中国家养动物遗传资源信息网”“中国畜禽遗传资源动态信网”建立的数据库已通过功能、性能及牢固性等指标测试，服务于社会，向国家资源管理部门、资源保护场、种畜禽场、高等院校、企业等单位与广大科技人员提供信息浏览、数据检索和数据下载等服务应用，并通过多种途径与国际同行进行交流。

出版畜禽种质资源有关专著、发展规划和定期公布工作动态信息，为社会公众提供咨询服务；数据成果通过 Internet 对外开展信息服务，采取分级共享方式，分为完全公开的免费数据共享、基本公开共享、经营性共享。

(二) 实物共享

畜禽种质资源实物以活体、细胞及 DNA 等形式进行表现，按共享原则和共享协议，向国内有关单位提供活体，实现社会化共享。资源的实物共享方式主要有以下几种：向政府有关部门无偿提供，为政府决策提供依据；对以非营利为目的的国内科研单位、教学单位，实行免费提供；对以营利为目的的育种公司、养殖场，实行有限收费的有偿提供；对以非营利为目的的国外国际组织、科研、教学单位，实行我国政府控制下的交流和交换；对国外以营利为目的的育种公司、养殖场，实行我国政府控制下的完全有偿提供。此外，畜禽种质资源

技术平台共享，以培训班、学术交流等方式，向社会提供开放式的培训、合作研究共享，充分利用技术及设施资源。

1. 畜禽种质资源细胞库实物共享

开展畜禽种质资源细胞库创建是有效保存与充分利用畜禽种质资源，进行畜禽细胞生物学、基因工程以及基因组等相关研究的理想途径，对于我国畜禽种质资源的可持续发展和利用具有重要的科学意义和应用价值。项目牵头单位——中国农业科学院北京畜牧兽医研究所通过建立畜禽种质资源细胞库技术体系，创建了重要、濒危畜禽种质资源体细胞库，保存了重要和濒危畜禽品种的细胞，开辟了畜禽种质资源新型细胞材料制备与实物保存新途径。该细胞库是世界唯一专门化保存畜禽体细胞遗传资源的最大细胞库，达到国际先进水平。

2. 基因资源共享

项目参与单位也在本领域中采用畜禽资源信息和实物（主要指 DNA 样品）两种方式广泛开展共享，目前进展良好。

3. 地方畜禽种质资源开发利用

在地方畜禽种质资源开发利用上，大面积开发的宁都黄鸡、固始鸡、广西三黄鸡、仙居鸡、文昌鸡、金湖乌凤鸡和安义瓦灰鸡等产生了显著的社会效益和经济效益；白耳黄鸡、吉安红毛鸭、乐平花猪等优质地方品种也在当地得到快速发展，为农村经济的发展、农民的增收和新农村建设发挥了巨大作用。

四、推进育种创新

工程化育种是大规模商业化育种的重要方式，大型跨国企业起步早，发展快，已经构建起较为完善高效的工程化育种体系，实现了育种方式变革。我国作物育种以小规模的育种模式为主，并取得了一些重大成果。但近年来新技术的逐步应用及商业育种所呈现的规模化育种需求正在发生育种方式及育种学科内容的变革，因此，育种模式及育种学科创新方向已经成为现代化育种中亟待探讨的关键问题。

工程化育种作为现代育种的重要方式，是创新过程中值得关注的重要方向。特别是在随着新技术的迅速发展及由此产生的育种大数据，为建立基于分子技术与人工智能等现代技术驱动的工程化育种提供了新的基础。因此，为加快我国育种方式和学科的变革，应高度重视研究育种工程学理论和方法。同时，根据我国国情，参照航天科技快速发展的成功经验与模式，以先进的系统工程科学思想为指导，以遗传学、育种学、信息论、运筹学等学科为理论基础，以生物技术、工程技术、信息技术、管理技术等为技术支撑，在育种体系的规划、设计、构建、应用、评价、优化乃至重构过程中不断综合应用最新科学成果，协调系统中的“物理、事理、人理”，既关注系统整合，也关注技术提高，形成适合国情且先进高效的新型育种体系。目前，生物育种已经列为国家的新兴产业，我国育种的工程化正迎来重要机遇。生物技术和商业化育种的快速发展将使育种过程逐步复杂化、专业化。专业化的分工有助于提高效率，工程化集成模式有助于提升育种能力和竞争力。与之相适应，可将工程化育种作为育种学科创新的突破点，创新育种课程体系，促进新型人才的培养，加快育种与种业的转型升级与现代化进程。

五、国家种业基地建设

强化政策扶持。加强国家种业基地建设。深入开展种业企业扶优行动。开展种业监管执法年活动，推动实施种子质量认证。

党的二十大报告中强调了总体国家安全观和粮食安全战略，要求“健全种粮农民收益保障机制和主产区利益补偿机制，确保中国人的饭碗牢牢端在自己手中”“树立大食物观，发展设施农业，构建多元化食物供给体系”“实施生物多样性保护重大工程”等。在 2022 年 12 月 23—24 日召开的中央农村工作会议上，习近平总书记强调，“保障粮食和重要农产品稳定安全供给始终是建设农业强国的头等大事。要实施新一轮千亿斤粮食产能提升行动，抓紧制定实施方案。要抓住耕地和种子两个要害，坚决守住 18 亿亩耕地红线，逐步把永久基本农田全部建成高标准农田，把种业振兴行动切实抓出成效，把当家品种牢牢攥在自己手里”。

农业农村现代化是中国式现代化的重要组成部分，是建成社会主义现代化强国的一个底线要求，而粮食安全又是这个底线中的底线。

（一）打造国家种业基地的重要性和必要性

作物种质资源是作物育种的物质基础，是一切基因的源泉，是现代农业发展的“芯片”，在很大程度上决定着一个国家或地区的产业结构与经济优势，同时也决定着未来国家间激烈竞争中的经济发展潜力与政治安全程度。要把藏粮于地、藏粮于技落到实处，就要抓紧培育具有知识产权的优良品种，打造具有地方特色优势的种业基地，从源头上保障国家粮食安全。目前，我国面临种业自主创新能力较弱，部分品种、环节和领域过度依赖进口，西方对我国封锁加剧等困境。中国的种质资源一定程度上缺乏自主权，而“洋种子”价格高昂，1千克日本产甘蓝种子卖到6 800元，1粒进口番茄种子售价15元……我国种子产业进口受制于人，更隐藏着“断种”风险。

（二）国家种业基地的着力点

党的二十大报告提出，“我们要坚持以推动高质量发展为主题，把实施扩大内需战略同深化供给侧结构性改革有机结合起来”“深入实施种业振兴行动，强化农业科技和装备支撑，健全种粮农民收益保障机制和主产区利益补偿机制，确保中国人的饭碗牢牢端在自己手中”。打造国家种业基地，需要更为深刻的认识和更为精准的投入。

形成人才与科技支撑。培养种业新生力量，制定人才培养教育保障计划，为大学或职业教育种业相关专业提供国家助学金资助，打通定向就业保障渠道。创造条件，鼓励有条件的大学与企业合作创办种业商学院，支持企业建立院士专家工作站、博士后科研工作流动站。制定种业研发、生产、技术服务人才财政预算资金补助计划，推出有吸引力的待遇方案，让投身科研工作的专业人员专注于种业振兴大业，定时定期组织种业专业型人才进行专业培训，参加国内外的学习交流。

加大财政资金投入。各级政府机构应重点关注对基础性、公益性科研领域的持续稳定投入，为种业的应用性技术研究提供政策和资金支撑。鼓励以县为单位，大胆探索多种形式的资金整合，用于高标准农田建设；设立省级生物种业发展重大专项资金，改善科研基础设施条件，支持科研机构和高等院校建设生物育种重点实验室和育种基地；将种质资源收集保护、种质创新挖掘利用等种业基础性公益性研究列入各级财政预算，加大经费投入力度，给予稳定的财政支持；政府支持企业育种项目试点，制定种业科研项目补助政策，对科技投入较大的创新型领军企业、产业转化成效突出的创新成果，给予必要的资金补助。

建立市场化的种业产业体系。加大市场和社会对种业振兴的支持，形成政府引导、市场主导运作的种业发展模式，形成可持续造血机制，推动种业产业健康发展；大力开发作物种质资源，推进科企合作，促进产学研深度融合，把资源优势转化为产业发展优势；加强科技成果转化，支持和鼓励种业企业按照标准化生产、产业化经营、市场化运作的模式开展品种研发，逐步建立起现代化的商业育种创新机制和与之相适应的体制。

第五节　加快先进农机创制推广

农机在农业生产中的应用是新时代农业生产的趋势，是科技发展的必然因素。农业机械化是农业现代化的基础，可以在提高农业生产效率的基础上提高农民收入。探索新的农机推广模式是促进农业发展的关键，完善农机推广体系，在农机推广中坚持以农民为主体。本节主要分析农机推广合作社新模式，以为推广部门提供参考。

一、农机推广合作社模式的产生背景

随着国家对农业生产补贴政策的加强及土地流转速度的加快，农业生产越来越适用于机械作业。大量农机合作社成立后可以促进农业

生产的经营性，解放大部分劳动力，使劳动力投入第三产业中，为社会提供更多价值且创造更多财富。合作社模式形成后可促进优秀的推广人员将农机生产厂家与合作社进行对接，以实现农机推广的顺利进行。

二、农机推广合作社模式的运作思想

农机推广合作社要充分利用国家政策，在政府主导思想基础上实现乡镇农机工作站的作用。合作社要加大科研资金投入，整合农机资源，以为农民提供良好的农机技术服务。合作社在运作中，要加强农业机械化作业的优势，同时要听取农民的意见，从农民角度出发，将其融入农机推广合作社中。

合作社要变被动为主动，充分听取农民意见，研发出最适合的农业生产机械。政府部门要在合作社提供信息基础上将农机补贴的覆盖面增大，使科研机构、农业高校、农机生产企业紧密联合。

三、农机推广合作社模式的运作特点

合作社推广模式主要是农机推广部门与农机合作社联合为广大农民进行服务的模式，主要通过合作社的农机资源成立农机服务站，目的是对农民进行农机应用技术介绍和为农民提供售后服务。县级农机推广部门在农机合作社建立服务站的目的是考察农户的政策补贴落实情况，在此基础上分析农民的需求和听取农民的反馈，以制定更符合农民需求的补贴政策。同时，通过农民对农机使用过程中的反馈情况向科研部门和农机生产部门进行反馈，以促进新机械的研发和生产。

四、农机推广合作社模式的实施

农业机械化是农业现代化的基础，农机在农业生产中的应用在降低生产成本的基础上提高了劳动生产率，可以促进对耕地的保护，实现农业可持续发展。农机的广泛应用使农用耕地在耕地环节打破了犁底层，使土壤更加透气透水，使土壤上的农作物更加抗倒伏。农机的广泛应用使秸秆得到还田处理，土壤肥力增加，使土壤更加抗风抗水。农机的广泛应用使农产品在加工过程向产业化延伸，提高了农业生产效率和农产品竞争力。鼓励农机推广向合作社模式转化，可以在提高合作社实力的基础上，传播合作社的管理方法和理念，增强农民对农机的应用信心。

农机合作社的推广模式要以健康可持续发展为基础，以用户为第一主体，以工作效率为第一工作理念。为了加快农机的推广步伐，优化农机在农业生产过程中的产业结构，集中农机资源，政府部门要对合作社推广模式大力支持，鼓励相关企业和农民加入合作社推广模式中，通过示范，使农机推广模式更适用。对于农民加入合作社农机推广模式实行的是自愿原则，农民可申请加入也可申请退社。农民参与合作社推广时采取股份制，按照相关制度进行利益分红，以吸引更多农民购买农机。农民与其购买的农机加入合作社后，所有的人员和农机都要进行统一管理和调配，工作标准要实行统一化。农机推广合作社模式的主要目的是在资源整合和优化的基础上，优化规模作业并增加农民收入，为农民创造良好的农业生产环境。政府相关部门要加大对农机推广合作社模式的扶持力度，并完善相关法律制度。同时，要加大科技和资金投入，使农机购买优惠政策覆盖面更加广泛。政府部门要对农机制造企业的农机质量和服务进行监督，以规范市场秩序。合作社要在国家相关政策和法规的指导下，为农机合作社推广模式创造一个良好的环境，农机制造企业以优惠的价格将农用机械投入合作社中，可以大大减轻农民的购买负担。农机合作社推广要在合作社中开设售后服务和技术指导，在搜集农民对机器使用意见的基础上对农机进行创新和改造。科研院校和科研机构要在农机推广合作社建立推广体系，以加强对推广人员的培训和素质培养，要组织相关人员定期进行业务能力和综合素养的培训，使他们在掌握现代技术基础上顺利进行农机推广。

在进行农机合作社推广模式后，需要提高合作社的管理能力，将农机推广到农业生产的前、中、后阶段，同时要将农机推广与农机培训进行有机整合。合作社引领的是现代农业的发展方向，在进行农机推广过程中要抓住重点，以点带面进行产前和产后的推广延伸。如产前的种子处理、产后的粮食处理和加工，产前的农资采购、生产的农作物销售，通过一系列业务经营后降低农民的生产成本，提高农民的经济效益。

农机推广合作社模式属于一种新型农机推广模式，利用合作社进行农机推广，可以实现农机推广的顺利进行。合作社和广大农民要把握机会，加入农机推广合作社模式中，在降低成本的基础上实现生产效率的增加，促进农业生产健康可持续发展。

五、加快补齐短板

近几年来，我国农业以小规模经营为主体。与此相适应，农机也以中小型为主。市场上有这样一个规律，若有国产同类机参与竞争，则外资机价格将直线下降；没有同类机，在外资垄断情况下，则其价格高得离谱，使中国的农机消费者吃尽苦头。中国农机要走出这一不利局面，必须创新提高，打破垄断，形成自主大型农机产业体系。

（一）我国农业现代化呼唤大型农机国产化

目前我国农业面临三大发展机遇：一是农村城镇化进程加快；二是土地规模化经营速度加快；三是依靠农机合作社种地的趋势不可逆转。随着农村城镇化、土地规模化步伐加快，农村逐步摒弃手工劳作。

1. 持续深入实施农机购置补贴

补贴政策向优势农产品主产区、关键薄弱环节、农民专业合作组织倾斜；继续补贴安全可靠、技术成熟、先进适用、节能环保和服务到位的农业机械；以粮棉油作物全程机械化生产为重点，补贴大马力、高性能、多功能复式作业机械。

2. 主攻薄弱环节机械化

目前，水稻插秧、玉米收获、马铃薯和油菜播种收获机械化发展缓慢，甘蔗、棉花、花生收获机械化尚处于研发、试验阶段，畜牧业、渔业、林果业、农产品初加工、设施农业的机械化发展滞后于实际需求，机械化薄弱环节严重影响了农业综合生产能力提升。为此，农机制造企业应强化科技支撑，加快大型、成套设备研发，突破薄弱环节。在满足市场需求中重塑国产大型农机新形象，为民族农机发展“给力”。

3. 大力建设农机专业合作组织

农机化发展正将农机合作组织作为重点扶持对象，把有关惠农政策向农机合作组织倾斜，引导土地、机械、资金、技术、人才、劳动力等生产要素向农机合作组织集中，促进其快速发展。由于合作组织的发展，必然要求大型成套农机装备作为支撑，将使大型农机需求快速增加。

4. 调整装备结构和布局

重点作物关键环节机械趋于大型化、复式化、配套化，欠发达地区主要农机装备保有量增长总体将高于全国平均水平，丘陵山区综合机械化作业水平加快提升。农机化在积累量的同时，正走向“质”的飞跃。

（二）补齐大型农机国产化“短板”

1. 我国农机制造企业要利用好本土优势

我国农机制造企业要利用好本土优势，主动了解、分析农村新变化和农机化发展新趋势，与广大农民保持密切的联系，紧紧围绕“怎么让农民用机械把地种好”这一核心，研发、生产、销售更多适应农机化发展的农机产品；要把握农机购置补贴政策方向和重点，提高产品综合竞争力，以质量过硬、服务周到的农机产品赢取补贴政策支持；要借鉴小麦全程机械化发展经验，加强薄弱环节农机装备攻关，以高新技术打造拥有影响力的大型、成套农机，促进机械化薄弱环节尽快实现突破；要满足农机服务组织标准化生产、“一条龙”作业的需求，提供“套餐式”农机装备和全过程系列化、终身制的技术服务；要以研发配套机具为突破口，挖掘欠发达地区，特别是丘陵山区潜在的农机需求空间，将发展战略向这些地区转移或扩展，提高国产大型农机综合竞争力。

2. 企业开发产品时要听取农艺专家的意见

将农艺要求凝聚在机具结构之中，生产出更多集成生物技术、工程技术和信息技术的农机装备，为农机农艺深度融合提供装备支撑；要分领域、分区域、分品种、分环节对农机装备的技术参数、动力配备、易损部件等进行逐项梳理，修改完善设计，提高产品适应性；加强与技术推广部门协作，获取来自一线的信息。在推出新产品前充分做好中间试验，经过反复试验改进，直至机械性能过关再推向市场，把成熟的产品卖给农民，赢取他们的信任，提高品牌信誉。

3. 农机更新换代将迎来一次高潮

农机报废更新的周期是10~15年，升级换代的周期更短，在报废补贴和购置补贴的双重驱动下，农机更新换代将迎来一次高潮。农机企业要抓住大好时机，准确把握未来10年农机化发展方向和农民需求的重点，扩大优势、扭转劣势，加快研发、生产适应农机化发展和农民购买需求的农机装备，提高产品性价比和竞争力，争取在此轮农机更新换代高潮中争得一席之地。

4. 政府应加大对农业机械化普及的工作力度

尤其要加强对自主品牌的扶持。面对大型农机被国外垄断的局面，预计国家将出台一系列相关政策和措施。农机企业应抓住机遇，加强联合、合作和重组，做强国产农机。在国际合作、新技术引进上，要以我为主。几十年的农机实践证明，“以市场换技术”，没有换来技术，反而丢了市场。因此，在引进外资时，要加强国家审查评估，以我为主，掌握主动权；以关键技术引进为主，走引进、消化吸收、创新提高的路子，形成自己的核心技术，避免受制于人。我国高铁装备制造业提供了成功经验，以引进技术为基础，进行创新提高，形成了自主知识产权的产品系列，短期内把高铁做到试验速度480千米/小时，运营速度450千米/小时的世界领先水平，掌握了该领域的制高点。

5. 提高农业机械智能化和自动化水平

国外农机多年的发展经验表明，采用智能化、自动化的作业方式是农业发展的必然趋势，是发展高效节本农业的有效途径。世界农业发达国家在采用了高度自动化的作业机械后不仅提高了工作效率，降低了作业成本，而且增强了其农产品在国际市场上数量和价格的优势。

我国农机企业要想在国际上立足，就必须缩小与发达国家在农业机械装备方面的差距。这样国外自动化、智能化程度很高的农机装备才不会占领我国市场，也不致使我国农机行业陷入困境。

六、农机技术的推广模式

农机技术的推广模式主要是试验、培训、咨询等，使农民可以真正地掌握农机使用的实用技术。我国的农业技术推广中存在较多的问题，制约了先进适用农机技术的推广，因此相关农业部门应当积极应对，采取科学、合理的措施，积极推广先进适用农机技术，以促进农业生产发展。

(一) 推广先进适用农机技术的意义

1. 促进农业现代化与产业化

推广先进适用农机技术可以扩大农业现代化机械的应用范围，促进农业现代化与产业化。我国农业的种植面积较为广泛，而农民的手动化种植和收获的手段不能满足农业现代化建设的需要。推广先进农机技术，加大现代化机械的使用比例，可以促进农业机械化科技发展，提高农业生产率，增加农民经济收入。

2. 推动农业机械健康发展

为提高农产品的质量和种类，应当大力应用现代农机技术，推动农业机械健康发展。农机技术推广部门使农民意识到农机使用的重要性，同时学会并掌握农机技术的使用方法和技巧。在农业领域正确、合理使用农机技术，普及农机技术的使用方法，降低农民种植的资金投入，增加农民的经济收益，推动农业机械健康发展。

3. 促进科研成果的转化

很多科技成果都是经过科研人员反复研究，不断深化理论知识，加强实践研究而形成。大力推广先进农机技术，促使科技成果转化为实际生产力。促进科研成果应用，推动农业生产发展。

（二）推广先进适用农机技术促进农业生产发展的策略

1. 提升农民的整体学习意识

农民是先进适用农机技术的最终学习群体和受益人，推广部门和推广人员应加强宣传，讲解先进适用农机技术的好处，让农民了解到学习农机技术的重要性，并且在农民学习的过程中强化实践技巧，提升农民的整体学习意识，确保农民学习的热情，为推广先进适用农机技术奠定良好的基础。

2. 结合现代技术和农机化中心展开推广工作

推广先进农机技术的宗旨是要围绕中心，服务大局。相关部门应在推广先进农机技术的工作中结合现代技术和农机化中心展开工作，发挥其技术的保障作用和支持作用。以促进农业发展为首要任务，有效开展农机技术推广工作，使农机推广部门找到推广工作的着力点。

3. 提升农机技术推广人员的综合素质

农机技术推广人员的知识文化水平不同、学习能力不同、服务意识不同等因素导致其综合素质参差不齐，不利于推广工作的有效开展。农机技术推广部门应加强推广人员的学习和培训，聘请专业的技术老师进行培训，向农机技术推广人员讲解目前的推广新政策，讲解农机技术的使用技巧，鼓励推广人员外出学习先进的农机技术，提高农机技术推广人员的综合素质，为农机推广工作提供强有力的技术和人才保障。

4. 加强宣传

很多农民在生活和生产实践中缺乏关于农机技术的使用技巧，不能正确认识农机技术的重要性和实用性，影响农业的生产发展。因此，农机技术推广部门应加强宣传，定期组织宣传会，推广人员可以和村委会的工作人员一起挨家挨户上门给农民进行宣传，在宣传过程中向农民讲解先进适用农机技术的意义和作用，让农民明白其重要性，然后针对具体的技术内容进行展示和演示，对农民不明白或较为深奥的问题予以回答和讲解。通过加大宣传力度的方式让农民深入了解先进适用农机技术。

先进适用农机技术部门还应做好推广服务工作，加强服务意识，提高服务水平，在推广过程中应端正工作态度，对待农民要细心和耐心，针对他们不懂的内容反复进行讲解，使农民充分了解到农机技术的优势，提高农民学习的热情，通过优质的服务，做好技术指导工作，提高农民的操作水平。

5. 建设乡村推广基地

农机技术推广部门应建设乡村推广基地，加强技术深化改革，提高乡村推广基地整体的服务水平和技术水平。鼓励农民前往各个推广基地进行实地考察，并在推广基地学习农机技术；鼓励推广基地的服务人员去现场向农民演示使用各种农机技术，给农民开展现场农机技术的教学指导，鼓励农民在学习之后自己动手操作实践，推广人员在农民使用的过程中可以及时纠正农民的错误，向农民普及农机的技术要领，为推广工作带来较大的便利。推广部门和相关工作人员以各个推广基地为依托，对周围的土地和农民起到辐射作用，让基地周围的农民都可以受到推广基地的理念影响。做好示范工作，深入开展试验示范工作，加快农业生产发展的步伐。

6. 加大对农机技术推广的资金投入力度

当地政府应加大对农机技术推广的资金投入力度，增强扶持力度，促使农机技术推广部门的推广工作深入、有效展开。

（1）出台并颁布一些相关的政策，通过减免税务、补贴等优惠政策吸引当地企业参与到农机技术的推广过程中，发挥社会各层面的作用和功能。

（2）推行针对农机技术推广项目资金贷款的优惠政策，鼓励推广部门引进资金支持，有效提升农机技术推广效率，促进农业生产发展。

7. 推进作业服务模式创新

积极发展“新型农业经营主体+全程机械化+综合农事服务中心”“新型农业经营主体+适度规模+全程机械化”“新型农业经营主体+规模化+特色优势产业+全程机械化”等机械化生产、社会化服务多样化模式，引领丘陵山区农业机械化发展。加快推动种养品种、栽培制度、养殖模式、生产规模及产后加工等全方位“宜机化”，大力推动良种良法良田良机良制相配套。加快提升丘陵山区农业机械化技术推广服务能力，通过政府购买服务等方式，引导多元社会力量积极参与公益性技术推广。

8. 建立网络信息化宣传和推广系统

推广农机技术是顺应时代的发展要求，提高农业生产效率，促进农业生产发展。农民通过手机和电脑了解新闻时事、农业技术手段等，科技电子产品不仅可以吸引农民的注意力，同时为农民学习农机技术带来了一定的便捷，因此农机技术推广部门除了通过线下向农民开展宣传和推广工作外，还可以通过网络进行线上宣传和推广，拓宽宣传和推广范围。

农机技术推广部门可以引进国内外先进的网络信息技术推广系统，根据自身的推广现状和特征进行针对性的调整，更好地服务于农机技术推广工作。农机技术推广部门在建立信息化系统时应多投放农机技术的演示视频，在拍摄演示视频时穿插一些专业的技术手段解说音频，让农民可以通过视频和音频了解和掌握农机技术。农机技术推广部门还应当派遣一名专业的信息化系统管理和维修技术人员，让其负责信息化系统的日常维护和更新工作，及时核查系统的安全，也可以在推广的过程中完善网络信息化的基本目录和推广的形式，更好地满足农机技术推广的现实需要，提升了推广部门的工作效率，拓宽农机技术推广的形式和途径，促进农业生产发展。

农机技术推广部门在开展推广和宣传的过程中，提高自身的专业素养，端正推广的工作态度，积极向农民讲述农机技术的好处，不断提高农民的学习意识，同时还应当建设更多的农机推广基地，做好示范作用。通过深化体制改革，建设农机推广体系，运用网络信息化平台拓宽推广和宣传的途径和形式，提高农机技术推广部门的工作效率，促进农业生产发展。

第六节　大力发展智慧农业和数字乡村，推进数据整合

一、智慧农业

（一）智慧农业的概念

智慧农业是新一代信息技术与农业决策、生产、流通交易等深度融合的新型农业生产模式与综合解决方案，通过对人、机、物等的全面连接，一方面对农业生产进行全流程跟踪式监测、管理，以数据驱动技术流、资金流、人才流、物资流，实现更为高端化、智能化、绿色化的农业产品的种、管、采收、储存、加工等；另一方面打通供需连接渠道，打造快速、高效、精准的农业产销生态系统，重塑农业与消费者之间双向互动关系，构建起覆盖农业全产业链、全价值链的全新生产和服务体系。

（二）智慧农业所具备的优点

我国非常重视“互联网+”产业发展，其给智慧农业发展带来了很好的机遇。2015 年，农业部等八部门联合印发《“互联网+”现代农业三年行动实施方案》，并开启了全国农业物联网区域试验工程。为有效促进城乡发展一体化，将发展智慧农业整合到了构建智慧城市的构成部分之中。就目前看来，智慧农业具有以下优点。

1. 促进农业供给侧结构性改革

利用智慧农业手段能够有效改进与优化农业供给侧，加强农业生产智能化管理，推动农业规范化和标准化，构建完善的农产品质量安全过程追溯体系。实行农产品生产精准化管理，在一定程度上提升农

产品质量安全，推动安全绿色和高质量农产品销售，充分满足消费水平持续提升的市场化需要。

2. 提高农业综合竞争能力

对于国际农产品市场价格竞争以及我国劳动力成本持续提升的发展现状，发展智慧农业能够大大减少农业生产成本，提升农业劳动生产率，尤其是智能机器人在农业生产方面的运用，能够让农业生产效率不断得到提升，进而加强地方农业生产竞争能力，推动农业可持续发展。

3. 培养新型农业经营主体

现代信息技术在农业生产经营和管理之中运用甚广，让那些先行者取得了不错的成果，激发了农业经营人员和相关企业发展先进技术的意识，增加了相关人员农业生产主动性，促使其自行投入农业生产过程中。

农业智能化技术运用，促使越来越多以提供智慧农业系统为核心的供应商与服务商出现，很多有志于促进农业现代化发展的有为青年、返乡人员等加入了发展智慧农业的行列中。

通过以上分析，可以了解到智慧农业在持续推进过程中，尤其是一些经济比较发达的地区，借助发达的现代化信息技术与城市综合发展实力，全面推进智慧农业发展，可促进农业现代化目标尽快实现。

(三) 智慧农业发展现状

智慧农业通过生产智能化与经营领域差异性和在服务领域的全面信息服务，可以促进农业健康稳定发展和推进农业现代化，推进农业朝着绿色环保和精细化趋势发展，避免农产品出现安全隐患问题，增加农业竞争力，让农业得到迅速发展。在西方发达国家，智慧农业已经运用到知识处理、自动控制开发和网络技术中，并且全方位贯彻落实到农业的方方面面。外国使用物联网有关技术，在温室生产过程中频繁使用无线传感器进行管理和营养液供给等，进而促使设施蔬菜栽培环境达到最佳状态。智慧农业作为我国农业的主要发展趋势，是促进我国农业现代化发展的重要力量。

（四）发展智慧农业重点是数据

在新时代经济发展背景下，数据成为基本资源，数字经济是新时代经济发展动能。理应把数据当成农业生产要素参加收益分配，数据作为全新的生产要素投入产出与分配环节。智慧农业发展目标为促进农业现代化，实现全过程智能化农业，本质就是数据驱动。根据数据这一生产要素，智慧农业构成涵盖了数据获取、处理和应用等方面的技术，让数据、知识到决策得到有效转变。各环节均有核心理论和技术方法作为支撑，如此一来构成了比较完整的智慧农业系统。

1. 数据获取

通过精准感知和创新数据采集方式，建立农业农村信息采集体系，开展数据收集、输入数据信息，汇总数据信息、应用数据和管理数据技术研究，全面提高数据信息获取的能力，有效处理好数据从何而来，应该怎么管理的问题。关键核心在于需要研究与开发农业农村需求的遥感卫星，攻克无人机农业运用共性技术，处理好生产环境和动植物生命体征传感器制作问题，让农业与牧业资源环境、生产管理等进行跨区域和多要素数据采集；认真研究与开发农业农村数据平台，攻克集中式以及分布式农业农村数据信息安全技术。

2. 数据处理

开展深挖数据与创新智能化诊断，全面构建农业大数据智能化处理和分析技术，做好虚拟现实和人工智能等多种技术的有效布局，严格处理好数据信息及其分析方面的问题。相关工作人员需要攻克重要技术，构建农学知识与模型，研究与分析动植物生产识别与诊断等问题，促使农业生产全过程数字化与智能化诊断。严格围绕农村数字化服务，做好农业与农村数据信息关联性开挖和智能化匹配等多种技术的研究与开发工作，以此充分满足农户对信息方面的需求。

3. 数据应用

经过相关工作人员通过科学管理和控制，开展技术方面的创新，积极创建数据赋能农业农村智能化管理技术，促使农业管理与服务流程朝着数字化趋势转变，严格处理好数据服务问题。关键在于有效加强农业农村软件与信息系统集成方面的研究，研究出环境智能化控制技术、产品可追溯技术和质量快检技术；增强智能装备自主性研究，主动创新农业智能化感知和智能化控制等装备，主要突破数控喷洒药物、智能检测和采摘等方面的技术。积极研发数字化农业标准，构建数据标准规范。

（五）智慧农业发展推动农业现代化的策略

1. 增强政府的规划和引导

第一，拟定人才战略规划。智慧农业是一种新兴产业，必须有很多专业知识人才参与其中。现如今我国从事智慧农业的人才储备较少，政府需要制定好人才战略规划，引入高端人才，提高科研队伍水平。并且企业需要主动培养有关技术人才，给发展智慧农业奠定扎实的人才基础。第二，全面规划布局。发展智慧农业与传统农业基础是紧密相连的。各地区均有适合其自身发展的作物和农业模式。农业发展需要依靠自然环境，政府规划用地需要充分体现出本地农业特色，全面发展普通农业，带领别的领域共同发展，实现一举多得。第三，要重视人才培养，因为智慧农业有很多相关知识并未普及，所以需要培训农业物联网技术工作者，推进技术人员培训，和企业、科研院所等合作，可以提升其技术创新与应用能力。构建人才激励制度，扩大劳动者队伍，充分满足农业发展人才方面的需要。第四，准确引导农业文化，积极宣传产品。受到以往农耕文化的影响，智慧农业尚未得到大面积普及，而且农民学历较低，需要增加对农民的培训。要增加宣传力度，综合政府示范项目，为农户提供农业发展与生产情况的讲解，促使其可以接受农业现代化运行方式。企业是智慧农业系统开发者，需要大力宣传产品，使使用者可以了解到自身的优势，主动推广智慧农业。与此同时，要加强试点工作，对外展示技术和应用能力，丰富使用渠道，推行智慧农业技术，推动智慧农业发展，促进农业现代化的发展。

2. 增强农业生态发展

智慧农业与过去的农业生产模式作比较，前者优势更甚，能够促使农业资源循环运用，发挥农业生态环保效果，有效推动农业可持续发展，建立具备生态理念的现代农业体系。我国农民受教育程度低，欠缺生态文明构建方面的意识，多数农村主要目标就是提升农户经济收入，因而过度开发自然资源；而对于资源丰富的农村，其主要是开发种植产业，通过利用本地自然资源，推进农业迅速发展。

3. 增加政府推广力度

第一，推广农业信息。目前，诸多地区农业种植处在传统阶段，集约化程度较低，规模化不足。很多地区农业生产经营是以单农户家庭为单位，无法构成相应的规模集中管理。人们有着靠天吃饭的思想，对农业发展不利。需要全面推广智慧农业，改变生产者传统思维，适应农业现代化发展，从而提升农业生产效率。第二，推广新兴技术。由于国内农村地区机械化水平不断提高，农业生产效率有所提升，可是在面临智慧农业时，仍旧无法熟练应用。这就需要增加新兴技术推广力度，展开培训，有利于快速发展智慧农业。第三，推广政府示范项目。智慧农业项目进行需要有示范项目发挥带头作用，政府要主动推广示范项目为潜在使用者提供案例，掌握智慧农业基础信息，激发其运用智慧农业系统的想法。推广示范项目可以检测智慧农业技术可行性，推动市场商业化发展。第四，给予适当的税收优惠政策和土地支持政策。智慧农业是农业现代化高级形态，有着产业化以及规模化的特征，这就表示个体农户无法有效运用智慧农业生产，必须有很多资金和土地，这就需要政府给予适当的税收优惠政策与土地支持政策，激励规模化企业开发。

综上所述，智慧农业可以改变传统农业生产经营管理模式，推动农业朝着智能化和数字化趋势发展，积极创建数字化科技场景，把农业和科技有效结合起来，全面发展智慧农业，以此推动农业现代化快速发展。

二、数字乡村

（一）数字与数字乡村

数字最初是一种表示数的书写符号，有着多种类型和表达方式，阿拉伯数字是我们生活中最熟悉和较普遍的一种类型，其发源于古印度，是在人们日常生产和实践中逐步创造出来的。伴随着人类生产力的发展和人们认识的不断深化，数字的内涵也在不断延伸，在今天，数字不再局限单纯的表示数目、符号，而常与科技（计算机）相结合，与科技、经济、产业等词语相搭配，并称为“数字技术”“数字经济”“数字产业”。因此，数字不仅是用来表示数的书写符号，同时也成了一些科技、信息技术、互联网、大数据的代名词。

近年来，在全球信息化浪潮的推动下，伴随着数字技术向农村社会的扩散、嵌入，深刻地改变了传统农村所固有的结构和形态，数字乡村一词逐渐被人们熟知，新一代数字技术成为乡村振兴的有效引擎，并为乡村建设提供持续动力。2019 年中共中央办公厅、国务院办公厅发布的《数字乡村发展战略纲要》中对数字乡村的概念做了具体阐释，即“数字乡村是伴随网络化、信息化和数字化在农业农村经济社会发展中的应用，以及农民现代信息技能的提高而内生的农业农村现代化发展和转型进程”。数字乡村是伴随着新一轮信息技术在农业农村的渗透、应用，是数字内涵的又一外延，从字面意义看，即为“数字+乡村”，把数字技术与乡村相结合。从深层次可概括为数字技术与乡村各种形态相结合而孕育的一种形态，即网络化、信息化、数字化和智能化的技术和工具在乡村政治、经济、文化等各领域的建设与应用，实现以数字技术和数字产业引领的农业农村农民的现代化综合体。从本质看，数字乡村不仅是数字技术在农业农村领域的简单叠加与应用，而且是利用数字经济理念对乡村社会关系、社会结构的重塑，以互联网、大数据、人工智能等新一代数字技术为驱动力，赋能农业农村发展，实现乡村整体发展质量变革、动力提升、效率加快，打通乡村信息壁垒，以信息流带动技术流、人才流、资金流等，激发乡村发展动力，从而推动乡村朝着数字化、智能化、便捷化、绿色化的方向发展，促进农业全面升级、农民全面发展、农村全面进步。

（二）数字乡村和传统农村的区别

数字乡村是面向未来发展的一种先进的乡村形态，是信息文明时代的一种乡村类型，从传统农村不断发展、演变而来，但是又与工业文明和农业文明的传统农村有着本质区别。从静态角度看，数字乡村是一种乡土社会秩序，深刻地改变了传统农村所固有的结构和形态，由此使得乡村的生产、生活、生态空间发生了巨大的变革，呈现出智能化、便捷化、智慧化的特征。

第一，在生产方面，传统农村一般是以种植农业、买卖农产品作为自己的主要收入来源，采取面朝黄土背朝天的农业作业方式，使得农业产出、农民收入较低，农民基本自给自足。并且，传统农业市场经营狭小，农产品买卖较困难，导致农村经济相对落后。而数字乡村则是在新一代数字技术不断更新发展的大背景下，把数字引用到农业生产与经营管理上，创新农产品经营方式，使得农业实现种植产业化，从质量和数量上来提高农业产出，增加农村居民收入。此外，数字乡村也带动了乡村第二、第三产业的发展，丰富了乡村的内涵，使得乡村不仅是农民聚居和从事农业生产的地方，而且是一个涵盖经济生活的整体。

第二，在生活方面，传统农村生活相对单调、消息闭塞。传统农村由于位置偏远，人们的交际圈大多局限于本地区，导致农民形成了相对固化的心理结构，从事着较为固定的行为。传统农村的社会结构相对简单，由村委会、基层政府等对农村进行管理，代替村民行使权利，在政策宣传上大都采取口口相传的方式，审批相关事务需要农民亲自跑路。数字乡村与传统农村不同的是，首先，数字乡村在完善乡村信息设施的基础上，进一步丰富了农村的生活方式。村民不再只是从事农业生产和生活的固定行为，可在茶余饭后观看短视频、线上视频聊天、打游戏等，同时，网络购物、短视频等新形式的娱乐活动也为乡村一贯乏味、单调的生活增添了色彩。其次，从空间层面加强了农村的信息流通、扩大了农民的交际圈。实现足不出户便可知天下事，利用电脑、手机便可实现文字、视频交流，了解相关政策、方针等。再次，重塑了乡村的治理结构和方式。村民可以自主地参与乡村治理中，在网上便可实现审批、知晓村务，为乡村居民的生活带来极大的便利。最后，数字乡村相比传统农村更有利于实现乡村文化传承，村民可以利用网络，在短视频、公众号等多个平台宣传自己乡村文化，加强文化交流与传播，进而带动乡村文化相关产业的发展。

第三，在生态方面，过去农民对于绿色生活、生产的意识较低，在生产、生活中忽视了农村整体的生态环境，导致农村的生态环境日益恶化。数字乡村建设的推进大大改变了以往农村的居住环境，包括道路硬化、饮用水的供给、垃圾的集中收集与处理、生态环境等，为乡村居民打造了更加优美的生活环境。同时，数字技术为农村的绿色生产、生活提供了新动能，不仅在生活中利用自媒体宣传绿色生活，强调垃圾集中统一处理，而且在技术上提供智慧化、精细化的生产工具。从动态角度看，数字乡村是一种社会变迁，是在传统农村的土壤中进化而来的。乡村是具备自然、生态、经济特征的地域综合体，就涵盖的范围来说，乡村是由村和乡两种区域构成的，要比农村的范围大一些。就社会功能来说，乡村兼具生产、生活、生态、文化等多重功能，相对传统农村更加健全。同时，随着信息技术的不断更新、发展，数字技术不断下沉乡村，不仅推动乡村社会发展的理念、手段、治理逐渐走向智能化、数字化、技术化，还在潜移默化中影响着农民的思维方式和实践活动。

（三）乡村振兴视域下数字乡村建设路径

1. 夯实乡村数字化转型基础

（1）提升乡村信息基础设施水平。乡村信息基础设施是数字乡村建设的基础，也是实施乡村振兴战略的前提条件，乡村整体信息基础设施水平的高低关乎数字乡村建设的整体进度，因此要进一步夯实农业、农村信息化转型的基础，提高乡村信息基础设施的水平。

第一，优化乡村网络基础设施，提升乡村网络质量，加快补齐乡村网络信息基础设施的短板。一方面，在数量上提高乡村移动通信基站建设，实现乡村网络宽带接入的全覆盖。在搭建乡村网络光纤时，要在充分了解乡村人口数量以及对网络需求，实现乡村网络的全覆盖。另一方面，从质量上提升网络的承载能力。尤其是针对一些偏远地区的网络基础建设，要结合当地实际，提供更为稳定的网络接入方式，同时，加快推进 5G 技术和新一代信息技术在乡村落实的步伐，同步推进有条件的乡村地区千兆光纤的接入和基于 IPv6 的下一代互联网规模部署和应用，推动乡村信息基础设施的优化升级。

第二，加快乡村传统基础设施的优化升级。在数字乡村建设过程中要实现新一代数字技术与乡村传统基础设施的结合，推动“数字+水利”“数字+电力”“数字+物流”等在乡村地区的全面落实，加快乡村传统基础设施的智能化、智慧化改造升级，为乡村的生产、生活提供便利条件。同时，提高数字技术在乡村基础设施监管和运营方面的利用率，实现乡村整体的动态化监测和网络化管理。

第三，提升乡村整体信息服务水平，进一步利用数字技术为农村提供政务、生产、生活等领域的信息服务站点和设施。完善政务服务事项和互联网代办服务，实现让数字多跑路，让农民少跑路。加强农业生产经营信息服务，通过创设相关公众号实时推送，利用乡村广播设备进行广播，让农民及时地了解到农情咨询，获取农业种植、信息技术使用等信息，提高乡村农业生产效率。同时，在乡村经营方面，要加强网络与农产品的销售信息对接，积极支持农村电商的发展，实现乡村产品网络营销、推广。在生活信息服务方面，实现乡村各种消息网络发布，农民可以在网上费用缴纳，获取各类就业、技能培训、创新创业等信息服务。另外，在建设乡村信息服务设施时，应结合乡村整体的实际情况，实现资源利用的最大化，避免重复建设。

第四，落实乡村数字基础设施的后期运营管理及定期维护的主体责任。乡村应当具备专门的网络技术服务部门，除了要在技术上为乡村居民提供帮助外，还要定期对农村地区的网络信号强度、网络速度、网络承载能力、网络安全等方面进行监测、评估和维护。在发现问题时，及时地做出相应的调整，同时，要定期对数据的更新，提升乡村数据质量，保证数据的完整性、可靠性、实时性，确保可以满足广大乡村居民在生产、生活方面对网络的需求。

（2）强化乡村公共支撑平台。建设数字乡村，离不开平台的支撑，平台为数字乡村建设提供了载体，公共数据平台通过汇聚乡村大数据，并对乡村数据进行整合，为数字乡村业务和应用提供支撑。公共应用支撑平台则为乡村提供丰富的业务功能模块和编辑接口，来支撑各级政府部门开发、提供一批符合乡村特点的便民应用和组件。

第一，伴随着乡村信息基础设施的不断完善，会催生出大量的关于乡村地貌、农业布局、农民生活等各方面的数据，因此要构建服务“三农”的公共数据平台，建立并完善农业农村大数据体系。首先，拓展互联网数据采集渠道。利用遥感卫星、无人机、云计算、互联网等现代信息设备，实现天地空一体化的数据采集体系，及时对乡村自然环境、地质地貌、资源要素等进行数据获取。其次，整合乡村数据资源，建立乡村数据资源库。将采集到的数据资源进行归类，建立乡村种植业、医疗、政务、教育、卫生、自然等各领域和各方面的数据资源体系，来进一步完善乡村的数据资源。再次，要促进城乡、省域的数据资源共建共享。统筹推进政务、行业、企业数据的汇聚、共享的大数据体系，实现区域数据的对接，加强信息数据的互联互通，实现业务可以不受时空、地域的局限进行线上协同办理。最后，要在技术层面加强大数据整体的分析、预判能力，为精准生产、科学决策提供数据支撑，为乡村数字应用提供支撑，实现资源的有效利用。

第二，根据乡村需求，建设一批乡村通用的应用软件，同时打造乡村信息平台，完善乡村应用平台功能，为实现多样化的乡村应用场景奠定基础。一是建设、完善乡村数字农业综合信息服务平台。根据乡村现有的大数据体系以及科学技术，分板块、分区域完善平台功能，平台应集农业知识普及、农情墒情监测、农产品产销对接、农产品质量追溯、在线服务等多种功能于一体，可以为农民提供农业知识技能学习、生产经营管理一体化信息，让数据代替经验为农业提供支撑。二是搭建乡村公共服务平台，实现乡村治理可视化，打通政府密切联系群众的“最后一公里”。各乡村在搭建平台时可以参照借鉴乡村试点的成果，同时，结合当地数字治理的具体实践和需求，打造乡村一体化治理平台，实现基层综合治理信息化。平台应涵盖党建服务功能，实现党员网络教育、党务管理宣传、监督；政务服务功能，让村民足不出户就可享受便捷的政务服务；村务财务公开功能，通过互联网平台公开村务财务信息，征集村民意见，接受村民的监督；自然灾害应急服务功能，维护人们的生命、财产安全；公共卫生安全防控功能，提高综合疾病防控能力，在整体上实现基层网格化治理。三是开发集多功能于一体的乡村 App。实现平台化繁为简，村民可通过 App、小程序、公众号等网络载体随时随地获取自己需要的服务，以此来提高乡村平台的利用率，为乡村居民提供便利。

（3）拓宽数字建设资金渠道。“单线不成丝，独木不成林。”数字乡村建设作为一项系统工程，不仅需要国家政策的支持和引导，更需要社会多元主体的共同参与。为了进一步夯实乡村数字设施，加快数字乡村建设步伐，政府部门除了在政策上给予适当倾斜外，也要发挥政策的指引作用，吸引社会资本的加入，拓宽资金来源渠道，形成多元融资共建体系。

第一，加大财政投入力度，设立数字乡村产业发展专项扶持资金。乡村数字基础设施的建设，特别是新一代技术的投入，需要大量的资金扶持，因此需要政府提供稳定的财政资金的投入，尤其是一些偏远的地区，数字基础相对落后的乡村，应当在资金、技术方面给予倾斜。一方面，在农业创新创业供给方面给予政策和财政的扶持。除了提供农村创新创业补贴、优惠政策外，应当完善数字乡村创新创业相应载体，在乡村设立创新创业服务中心，为乡村想要创业人员提供场地、技术、交流等方面保障。另一方面，对于在数字乡村建设创新方面做出巨大贡献的人，应当在物质和精神方面给予嘉奖，如颁发荣誉证书，提高薪资待遇，以及在今后工作方面提供优厚待遇等。

第二，充分发挥财政资金与国家级投资基金的引导作用，引导金融机构和社会资本参与数字乡村建设。数字乡村建设光靠财政投入是不够的，在一些具有利润空间的业务领域，应当支持社会资本的投入。充分发挥阿里巴巴、腾讯、字节跳动等各类数字企业的带头作用，鼓励其与乡村达成合作，加强乡村的基础设施建设、农村电商、农村教育等方面的投入。同时，加大数字乡村建设招商引资力度，通过市场机制吸引电信运营商、电子商务企业、软件开发商等参与建设数字乡村。

2. 强化乡村数字人才支撑

（1）普及数字知识，提高农民数字素养。俗话说："打铁还需自身硬"。农民是农业农村发展的主体，数字乡村的全面发展有赖于农民广泛而深度参与。从宏观上看，提升农民整体的信息素养，可以进一步推动乡村数字化转型，激发乡村的内生动力。从微观上看，具备一定数字素养能力的农民，可以尽快融入数字社会，获得就业、创业和增收空间的先决条件。

一方面，加强对农民的数字技能培训，提高农民的整体数字素养，培育信息时代新农民，助力乡村人才振兴。本着"实际、实用、实效"的原则，做好整体规划和组织，建立健全培养体系，加强乡村数字农业农村培训的统筹规划，要把具有高信息素养、高科技水平、强市场经营能力、崇高社会责任感作为培养的目标。把具有一定农业产业知识的农民作为培养提高的对象。把乡村基层干部作为重点培养对象。把返乡创业的农民工、中高等院校毕业的大学生、退役士兵等作为潜在的培养对象。把一些乡村老年人作为乡村数字弱势帮扶对象。把专业生产和技能服务以及农业政策法律法规作为基础培训内容。同时，灵活应用数字平台，拓宽培训渠道，创新培养方式。充分利用社会资源和社会组织，依托电视、广播、数字大屏、宣传栏、农业农村部全国农业科教云平台、抖音、快手等多个渠道发布培训内容，或者派遣技术水平高的专业人员下乡指导，采取线上和线下相结合的方式，定期对乡村主体进行培训，提升乡村整体业务能力。除此之外，在培训时应当加强宣传，提升乡村居民对于数字乡村建设的认知、意愿，在培训的具体过程中，可借助一些数字乡村建设试点的地区方案，提升乡村居民对于数字技术增收增产、提升生活水平的认知，提高乡村居民学习和应用数字技术的热情，激发农业农村主体的内生动力。

另一方面，优化课程设置，针对不同的人群，研制不同领域的课程，匹配相应的课程难度，实现培训效果的最大化。首先，对于乡村老年人以及不会使用数字设备的人群，应当在保障他们掌握最基本数字技能的基础上，如基本的打字、聊天等，再加以培训，并且要调动社会各方资源对其进行常态化帮扶。其次，针对具备一定数字设备使用能力的农村居民，应当本着实际、实用的原则，先完善他们对于农业的种植、经营、管理的基础知识和使用“新农具”的技能，然后开展数字平台、农机装备、线上买卖等不同领域的课程。同时，在培训课上尽可能使用通俗的语言，让农民可以听懂，在生活、生产中用得上。另外，要在培训时，利用广播宣传、上门普法、制作小视频等形式，普及网络安全知识，通过讲述网络诈骗案件，让广大农民了解网络诈骗的手段，以此来提高乡村居民网络安全意识。再次，对于乡村基层干部、工作人员应当进行专题信息培训。通过会议的形式深入学习相关政策，通过前往实地考察试点、交流心得的形式，强化他们对于数字乡村政策的了解，提高他们对于数字乡村建设的学习意识，使他们具备利用信息化手段履行职责的能力，以便更好地投入数字乡村的建设工作中。最后，对于乡村高素质的农业劳动者、专业技术人员、农业经营人员，应当适当地增加课程难度，提供专业的培训，增加他们在实际应用中的专业性，区分不同的体系，以此来培育一批生产经营型、专业技术型和社会管理型的不同方面的人才，作为数字乡村建设的带头人，共同推进数字乡村建设发展。

（2）创新培养模式，加强数字人才队伍建设。专业化的人才队伍是推动数字乡村建设高质量发展的不竭动力，而乡村数字化的过程却面临着数字人才队伍匮乏的困境，对此，要采用多方聚才的方式，培养造就一支爱农业、懂技术、善经营、可创新的专业人才队伍。

3. 丰富乡村数字应用场景

数字乡村建设作为激活乡村振兴的突破口，离不开对乡村关键应用场景的营造和升级，充分利用数字技术为乡村农业生产、产品流通、社会治理、文化观念等场景赋能，进而形成叠加推动作用，推动数字技术与乡村振兴的全面融合。

（1）激活资源要素，推动乡村产业数字化。以数字技术激活乡村要素资源，因地制宜发展乡村新业态。由于地理位置、气候条件、自然环境等先天性因素，乡村地区具备不同的要素资源，因此需要因地制宜，分区分类发展乡村新业态。

（2）立足文化振兴，推动乡村数字文化建设。以数字技术为支撑多角度、多层面发掘乡村文化资源，更新乡村文化的传播载体，变革乡村特色文化宣传方式，创新乡村文化的内容，有利于焕发乡村居民的精神面貌，营造乡风文明新气象，为乡村振兴提供新增长点。

第一，强化宣传引导，加强农村网络文化阵地建设。充分发挥主流媒体和重点新闻网站作用，利用政府官方宣传账号、公众号、App等数字平台，及时宣传党的路线方针政策，对社会主义主流思想进行常态化宣传、解读，加强乡村的思想道德建设。同时，利用电视、互联网、广播及时推出乡村振兴的报道，关注乡村人民的切实需求，在相关数字平台积极为农民发声，及时回应农民关切的问题，积极营造全社会关注农业、关心农村、关爱农民的良好氛围。

第二，利用数字技术创新文艺作品的内容和传播形式，丰富乡村文化生活。一方面，增加乡村数字文化的有效供给。鼓励创作以农业、农村、农民为题材的文艺作品，利用直播、短视频、影视等各种传播媒介展示乡村居民生活场景、田间耕种场景，讲好乡村振兴故事，宣传乡村特色文化以及习俗，打造一批贴近农民生活、深受农民欢迎，具有浓厚乡村特色、充满正能量的网络文化节目和文艺作品，丰富乡村文化。例如，李子柒以中国美食和中国传统文化为主线，拍摄田间耕种以及农作物的生长、成熟过程，不仅吸引了大量的中国粉丝关注，也引发了外国网友的关注，从而推动了中国传统文化输出，加强了人们对于乡村生活的向往，也让更多的乡村产品走进了大众的视野中。另一方面，做好舆情引导。依法打击乡村非法传教活动，加强对乡村网络文化的管理，清理网络空间的不良和负面信息，筑牢乡村文化阵地。

第三，加强乡村优秀文化基因的保护、传承，推进乡村优秀文化资源数字化。首先，加强对乡村特色文化的挖掘，由政府带头，建立专业的乡村文化挖掘队伍，梳理乡村的发展脉络，保存乡村自然风景，对乡村的特色文化、传统习俗进行推广。其次，针对各省、市、县的一些文化名镇、名村、传统村落，应当建立数字博物馆。依据相关规范对当地的一些非物质文化遗产如方言、文字、戏曲、民俗、房屋等进行数字记录、保存，通过数字平台进行展示。以数字技术赋予乡村文化新动能，利用虚拟场景、全息场景、高清转播等形式，推动乡村旅游的发展。最后，延长旅游产业链，开展云旅游，让乡村居民可以通过手机、电视等身临其境，感受乡村文化的魅力。

（3）深化信息惠民，推进公共服务数字化。公共服务关系人民群众的切身利益，是乡村建设的重要内容。数字技术与乡村教育、医疗的深度融合，有利于创新公共服务的供给方式，提升公共服务的品质，满足人民美好生活的需要。

第一，实现农村教育信息化。首先，整合城市优质教学资源，通过互联网输送到乡村地区，充实乡村教育资源，帮助补齐乡村教育的短板，弥补乡村相应课程的欠缺。其次，加强对网络空间学习的推广，可以以省级教育资源公共服务平台为依托，为乡村学生提供在线服务、名师解答、在线教学等服务，弥补乡村教师水平、教学资源的欠缺。再次，加强数字资源的课堂利用，以培训、示范的手段提升乡村教师的数字教学工作能力，引导教师在工作过程中结合网络空间资源，利用数字媒体，加强课堂的生动性，提升乡村整体教学质量。最后，配齐教育信息设备，建立乡村公共图书馆、电子阅览室，满足不同群体对于书籍的需求。

第二，实现农村医疗信息化。陕西省镇巴县在数字乡村建设中积极打造“互联网+健康”，积极推进全民医疗健康信息化工作，建成了覆盖全县的卫生医疗机构信息网络，实行了电子化办公，为乡村医疗带来了极大的便利，提高了整体的工作效率。并且自主研发了医疗信息管理系统，为乡村居民可以提供网上签约家庭医生的医疗服务，且相关诊疗记录在网上都可以查询，实现了可视化管理。同时，开展了远程医疗服务，让大山深处的群众享受了最新的医疗科技福利。

第四章　拓展脱贫攻坚成果，增强内生发展动力

第一节　强化防返贫动态监测帮扶，健全监测机制

健全防返贫风险动态监测机制是助力乡村振兴巩固脱贫成果的必然要求。

一、健全防返贫动态监测的指标体系

在返贫诱因分析的基础上，依据不同诱因，构建了防返贫动态监测指标体系。

人均纯收入。这一指标指扣除政策性补贴与低保后的纯收入，当这一指标高于4 000元时无须预警，2 800~4 000元轻度预警，2 000~2 800元中度预警，低于2 000元则严重预警。

生产资料匮乏程度。这一指标用家庭实际拥有的生产资料与需要的生产资料的比值来衡量，当这一指标大于0.8时无须预警，0.6~0.8轻度预警，0.4~0.6中度预警，小于0.4时严重预警。

生态环境恶化程度、基础医疗卫生情况与供水供电情况。这些指标的判断标准需要依据专家打分判断，专家的选取为长期从事扶贫研究的教授级专家以及长期从事扶贫一线的专业领域专家。当专家普遍认为这一地区这些指标情况较好则无须预警，当这些指标被认为轻度恶化时则轻度预警，当被认为中度恶化时则中度预警，当被认为重度恶化时则严重预警。

受教育程度。调研发现，受教育程度与贫困现象的发生程负相关，因此，当受教育程度为大专及以上时无须预警，当受教育程度为

高中职高或中专时轻度预警，当受教育程度为初中时中度预警，当受教育程度为小学及以下时则严重预警。

劳动承担率。一个家庭的劳动承担率与其富裕程度程负相关，劳动承担率越高，则家庭越容易发生贫困。劳动承担率=劳动力人口数量/家庭总人口数。当这一比例大于65%时无须预警，50%~65%时轻度预警，33%~50%时中度预警，小于33%时则严重预警。

老弱病残情况。一个家庭的老弱病残成员越多则越容易发生返贫，用家庭老弱病残人员比重来衡量这一指标，老弱病残比重=老弱病残人员数量/家庭总人口数。当这一比例为0时无须预警，0~35%时轻度预警，35%~50%时中度预警，大于50%时则严重预警。

自然灾害造成的财产损失程度。由于自然灾害所造成的财产损失有直接经济损失也有间接经济损失，直接经济损失主要指的是自然灾害对于房屋等生活资料以及农田等生产资料的破坏，间接经济损失相较于直接经济损失往往影响时间更长，损失更大，用自然灾害损失比重来衡量由于自然灾害所造成的损失程度，并定义自然灾害损失比重=（自然灾害所造成的直接经济损失+自然灾害所造成的间接经济损失）/家庭财产总额。当这一比重小于20%时认为无须预警，当比重在20%~40%时则轻度预警，当比重在40%~60%时则中度预警，当比重大于60%时则严重预警。

自然灾害造成的人员伤亡情况。自然灾害的发生也会威胁农民的生命健康，严重的自然灾害有可能发生人员的伤亡，对于人员伤亡的衡量参考医学上对于残疾等级的划分。当伤残等级在四级及以下时则无须预警，当伤残等级为三级时轻度预警，当伤残等级为二级时中度预警，当伤残等级为一级或造成主要劳动力死亡时则严重预警。

意外事故造成的财产损失程度。意外事故主要指的是意外交通事故或者突发疾病，对于此类事件的发生会对脱贫人员的经济造成很大的影响，高额的医疗费用或者赔偿负担都加剧了返贫风险，用意外事故损失比重来衡量由于意外事故造成的损失程度，并定义意外事故损失比重=意外事故造成的经济损失/家庭财产总额。当这一比重小于

20%时认为无须预警，当比重在20%~40%时则轻度预警，当比重在40%~60%时则中度预警，当比重大于60%时则严重预警。

意外事故造成的人员伤亡情况。意外事故的发生也会造成身体上的伤残，对于这一指标的监控本节同样参考医学上对于残疾等级的划分。当伤残等级在四级及以下则无须预警，当伤残等级为三级时轻度预警，当伤残等级为二级时中度预警，当伤残等级为一级或造成主要劳动力死亡时则严重预警。

市场风险造成的财产损失程度。由于农产品价格波动等市场风险造成的“谷贱伤农”同样会导致脱贫人口的再次返贫，选用市场风险造成的收入减少比重来衡量这一指标，并定义市场风险造成的收入减少比重=市场风险造成的年收入减少数额/家庭年收入总额。当这一比重小于20%时认为无须预警，当比重在20%~40%时则轻度预警，当比重在40%~60%时则中度预警，当比重大于60%时则严重预警。

脱贫政策的变化。该指标主要监测点为脱贫政策变化以后对农民造成的经济损失，用农民经济损失占总收入比重这一指标来衡量农民经济损失程度的高低，并定义农民经济损失比重=农民家庭年收入减少数/农民家庭年收入平均值。当农民经济损失比重小于20%时认为无须预警，当比重在20%~40%时则轻度预警，当比重在40%~60%时则中度预警，当比重大于60%时则严重预警。

脱贫政策偏离。通过调研河北省部分地区扶贫工作，发现仍然有部分脱贫人口的主要家庭收入来源为国家政策的各种补贴。对于这部分脱贫人口依靠国家的政策性补贴暂时达到了脱贫线以上，但是由于其自身脱贫能力较弱，若后期无法享受补贴或补贴减少后很容易发生返贫现象，因此用国家政策性补贴比重这一指标来衡量脱贫政策的偏离程度。国家政策性补贴比重=年度国家政策性补贴收入/家庭年收入总额。当这一比重小于20%时认为无须预警，当比重在20%~40%时则轻度预警，当比重在40%~60%时则中度预警，当比重大于60%时则严重预警。

社会保障情况。该指标的判断标准则需要依据专家打分判断，当专家普遍认为这一地区社会保障很好则无须预警，当这一指标被认为是一般时则轻度预警，当被认为是较差时则中度预警，当被认为是很差时则严重预警。

二、完善防返贫动态监测机制及实现路径

（一）完善防返贫动态监测制度

防返贫动态监测机制的有效运行需要良好的组织管理体系，在利用现有的脱贫工作机制基础上，明确防返贫动态监测的原则，进一步细化防返贫动态监测的责任分工，针对防返贫动态监测问题，做到决策的精确化、科学化、专业化。统一制定和实施防返贫风险动态监测的建设规划，明确防返贫风险动态监测的范围、内容及判断标准，建立防返贫风险动态监测网络。地方政府根据本辖区返贫的成因，确定具体监测重点与监测方法，对监测到的返贫信息进行评估研判，并制定相应解决措施。保证防返贫风险动态监测数据的准确性、客观性和时效性。通过完善防返贫风险动态监测的政策体系与制度框架严密筑牢返贫防线。

（二）实现监测主体多元化协同参与

防返贫动态监测机制要协同农民、农村基层党组织、政府、社会组织等多元主体共同参与。其中，农民要提高自身防范返贫风险的意识，做到及时将个人的生产、生活情况以及工作状况向基层党组织与基层政府反映，注意积极提升自身抵抗风险的能力与自我发展能力。村级党组织要做好防返贫风险动态监测的组织覆盖推进工作，形成防返贫风险动态监测工作的强大合力。基层政府要充分调动并利用好现有资源，服务于防返贫风险动态监测工作，摸清贫困地区的返贫风险点，重点监测，及时发现，及时帮扶，化解脱贫人员返贫风险。与此同时，社会组织也要充分发挥其在防返贫动态监测中的优势，弥补农民自身和政府监测的不足，提供科教文卫等方面的服务，对存在返贫风险的脱贫人员提供帮扶。通过多元主体协同提高防返贫动态监测效

果，彻底阻断返贫。

(三) 实现防返贫动态监测信息共享

在现有防动态返贫风险监测工具基础之上，应充分利用互联网与手机终端，利用微信、相关 App 等线上监测方式与线下入户走访相结合，提高防返贫动态监测的时效性与准确性。还应利用大数据技术着力打造防返贫信息共享平台，搭配信息壁垒，实现信息共享，通过相关技术，实现防返贫风险的实时监测与预警。

(四) 完善防返贫动态监测监督机制

在防返贫返动态监测的过程中，相关部门及相关工作人员的行为须接受管理与监督，以保证合规使用权利与资金。这一监督机制包括外部监督与内部监督，外部监督主要指的是司法监督、媒体监督与公众监督，司法机关对工作人员的履职行为进行监督，并对违法违纪行为进行惩罚；媒体及时有效的将真实信息反馈给公众，公众通过将自己的真实情况反馈给相关机构来督促其改正错误，规范行为。内部监督即在防返贫动态监督内部设置独立于其他部门的监察部门，对防返贫动态监督的科学性、正规性、透明性等进行独立的监督。

第二节　培育壮大脱贫地区特色产业

2021 年，农业农村部、财政部、国家乡村振兴局、供销合作总社等十部门印发《关于推动脱贫地区特色产业可持续发展的指导意见》(以下简称《意见》)，提出，“到 2025 年，脱贫地区特色产业发展基础更加稳固”“发展活力持续增强”。《意见》围绕实施特色种养业提升行动、稳定并加强产业扶持政策、强化产业发展服务支撑三方面提出了 15 条具体内容。

发展产业是实现脱贫的根本之策，也是让脱贫可持续的关键所在。产业扶贫是一个系统工程，不是单纯地加大资金、技术投入，而是用产业更新的理念，让土地、山林焕发生机。

目前，全国各地因地制宜，建成各类特色产业基地 30 多万个，每个脱贫县都形成了2~3个特色鲜明的主导产业，许多脱贫村更是实现了产业“从无到有”的跨越，为脱贫可持续奠定了良好的产业基础。

一、实施特色种养业提升行动

(一) 加强规划引领

指导脱贫地区依托资源优势和产业发展基础，编制“十四五”特色产业发展规划，引导资金、技术、人才、信息向脱贫地区聚集，发展“一县一业”，培育壮大主导产业。优化产业布局，推动形成县城、中心乡（镇）、中心村级分明、功能有效衔接的结构布局，促进产镇融合、产村一体。坚持脱贫村和非贫困村、脱贫户和非贫困户一体规划、协同推进，将易地扶贫搬迁安置区产业发展纳入规划。强化省级统筹，促进县际间协同发展，打造集中连片的特色产业集群。

(二) 建设标准化生产基地

按照产业布局和产业链建设要求，发展地域特色鲜明、乡土气息浓厚的特色种养业，建成一批绿色标准化基地。推进品种培优，发掘一批优异种质资源，提纯复壮一批地方特色品种，自主培育一批高产优质多抗的突破性品种，以特色赢得市场。推进品质提升，集成组装一批绿色生产技术模式，加快推广运用。推广绿色投入品，重点推广有机和微生物肥料、高效低毒低风险农药兽药渔药和生物农药等绿色投入品，规范使用饲料添加剂，推广病虫绿色防控技术和产品。净化农业产地环境，加强污染土壤治理和修复，以清洁的产地环境生产优质农产品，以品质赢得市场。推进标准化生产，按照“有标采标、无标创标、全程贯标”的要求，建立健全标准体系，加快标准应用。引导家庭农（林）场、农民合作社和农（林）业产业化龙头企业按标生产，带动大规模标准化生产。创建特色农产品优势区、农业绿色发展先行区、农产品质量安全县，培育一批林下经济和经济林示范基地。

(三) 提升农产品加工业

统筹发展农产品初加工、精深加工和综合利用加工，推动脱贫地区由卖原字号向卖制成品转变，把增值收益更多留在县域。积极发展农产品初加工，扶持农民合作社和家庭农场建设保鲜、贮藏、分级、包装等产地初加工设施设备，减少产后损失，延长供应时间。大力发展农产品精深加工，引导农业企业到脱贫地区建设农产品加工基地和标准化、清洁化、智能化加工厂，支持大型农（林）业企业发展特色农产品精深加工，提升产品附加值。推进加工产能集聚发展，引导加工产能重心下沉，向重点乡镇、易地扶贫搬迁安置区集聚，建设一批县域农产品加工园。组织科研院所、大专院校与脱贫地区联合开展加工技术攻关。因地制宜发展特色食品、制造、手工业等乡土产业，延续支持扶贫车间的优惠政策，建设一批规范化乡村工厂、生产车间。引导国家级林业产业化龙头企业到脱贫地区开展特色加工。

（四）加强农产品流通设施建设

推进脱贫地区农产品流通骨干网络建设，优化县域批发市场、商品集散中心、物流基地布局，引导供销、邮政及各类企业把服务网点延伸到脱贫村。支持脱贫地区建设田头市场、仓储保鲜冷链物流设施，布局一批区域性冷链物流骨干节点。农产品仓储保鲜冷链物流设施建设工程加大对脱贫地区支持力度。深入发展农村电子商务，加强电商主体培育和电商人才培训，提升特色产业电子商务支撑服务水平。实施“数商兴农”，统筹市场力量参与农村电商基础设施建设，培育发展农产品网络品牌。

（五）拓展农业功能价值

依托田园风光、绿水青山、村落建筑、乡土文化、民俗风情等特色资源，发展乡村旅游、休闲农业、文化体验、健康养老等新产业新业态，突出特色化、差异化、多元化，既要有速度，更要高质量，实现健康可持续。在脱贫地区建设一批功能齐全、布局合理、机制完善、带动力强的休闲农业精品园区，推介一批视觉美丽、体验美妙、内涵美好的乡村休闲旅游精品景点线路，打造一批全国乡村旅游重点村镇和中国美丽休闲乡村。在脱贫地区遴选认定一批国家森林康养基地和精品生态旅游地。支持脱贫地区挖掘农村非物质文化遗产资源，设立非遗工坊。规范村级光伏电站资产管理和运行维护，持续发挥带农增收作用。

（六）打造知名产品品牌

指导脱贫地区通过建设粮食生产功能区、重要农产品生产保护区和特色农产品优势区，培育一批“大而优”“小而美”、有影响力的区域公用品牌。引导农业产业化龙头企业等新型经营主体通过建设标准化原料基地、清洁化加工车间，注入企业文化和价值理念，培育一批特色突出、特性鲜明的企业品牌。支持脱贫地区开展绿色、有机、地理标志农产品认证，积极推行食用农产品达标合格证制度。支持符合条件的脱贫地区区域公用品牌、产品品牌优先纳入中国农业品牌目录。加大脱贫地区农业品牌公益宣传，利用农（林）业展会、产销对接活动等广泛开展品牌营销。

（七）推动产业园区化发展

按照政策集成、要素积聚、企业集中的要求，每个脱贫县选择1~2个主导产业，建设农产品加工园区和农业产业园区，推动科技研发、加工物流、营销服务等主体加快向园区集中，引导资金、技术、人才等要素向园区集聚，促进特色产业全产业链发展，形成“一业一园”格局。现代农业产业园、科技园、产业融合发展示范园优先支持有条件的脱贫县。国家林业产业示范园认定向有条件的脱贫地区倾斜。加快推进脱贫县农业产业强镇、“一村一品”示范村镇建设，促进产村、产镇深度融合。

二、稳定并加强产业扶持政策

（一）强化财政支持

中央财政衔接推进乡村振兴补助资金重点支持培育和壮大欠发达地区特色优势产业，并逐年提高资金占比。脱贫县统筹整合使用财政涉农资金优先支持特色产业发展，壮大脱贫地区优势特色产业（含必要的产业配套基础设施），促进产业提质增效。农业生产发展资金、农业资源及生态保护补助资金等中央财政相关转移支付继续倾斜支持脱贫地区产业发展，东西部协作、对口支援、定点帮扶等资金重点用于产业发展，并进一步向乡村振兴重点帮扶县倾斜。将脱贫地区符合条件的乡村振兴项目纳入地方政府债券支持范围。有条件的地区设立的乡村振兴基金，重点支持乡村产业发展，并向脱贫地区倾斜。

（二）创新金融服务

调整完善针对脱贫人口的小额信贷政策，对有较大贷款资金需求、符合贷款条件的对象，鼓励申请创业担保贷款发展特色产业。创新金融产品和服务，充分发挥农业信贷担保体系作用，鼓励和引导金融机构为脱贫地区新型农业经营主体发展产业提供信贷支持。现有再贷款政策在展期期间保持不变，引导地方法人金融机构将再贷款资金重点用于支持发展特色产业。在不新增地方政府隐性债务的前提下，鼓励金融机构开发符合乡村一二三产业融合发展需求的信贷产品。扩大中央财政对地方优势特色农产品保险以奖代补试点范围，鼓励脱贫地区开发特色产业险种，增加特色产业保险品类，提升保险风险保障水平。

（三）完善用地政策

过渡期内专项安排脱贫县的年度新增建设用地计划指标，优先保障特色产业用地需要。结合脱贫县特色产业发展需要，统筹安排用地规模和计划指标，优化用地审批和规划许可流程，提高审批效率，支持一二三产业融合发展。在脱贫地区落实好产业发展附属设施用地纳入农用地管理、设施农业可以使用一般耕地、村庄整治和宅基地整理的建设用地指标重点支持新产业新业态发展等政策。

（四）加强项目管理

建立脱贫地区特色产业发展项目库，与巩固拓展脱贫攻坚成果和乡村振兴项目库实现共建、共享、共用。入库项目由支持种养环节向支持全产业链开发转变。每个脱贫县重点选择 2~3 个特色主导产业，突出基地建设、良种繁育、病虫害防控、精深加工、科技服务、人才培训、品牌打造、市场销售等全产业链发展关键环节，谋划储备一批重点工程项目并纳入项目库。脱贫县财政涉农整合资金和其他各级各类财政资金支持产业发展，原则上从项目库中选择项目。优化产业项目管理，建立健全农业农村部门牵头、相关部门参与的特色产业发展项目管理机制。

三、强化产业发展服务支撑

(一) 健全产销衔接机制

开展农产品产销对接活动，支持脱贫地区经营主体参加各类展示展销活动，推动农产品流通企业、电商、批发市场与脱贫地区特色产业精准对接。通过股权投资、订单采购等方式引导流通主体与生产主体建立稳定利益联结关系，打造产销共同体，优化提升特色产业链供应链。大力实施消费帮扶，继续开展脱贫地区帮扶产品认定，做大做实农产品销售专区专柜专馆和定向直供直销渠道，优化实施政府采购脱贫地区农副产品政策。依托全国公路、铁路、港口客运场站和高速公路服务区，开展脱贫地区特色农产品展示展销共同行动。实施“互联网+”农产品出村进城工程，完善农产品产销对接公益服务平台。

(二) 健全技术服务机制

组织农业科研教育单位、产业技术体系专家等开展产业帮扶，继续在脱贫县设立产业技术专家组，积极推动乡村振兴重点帮扶县建立产业技术顾问制度。全面实施农技推广特聘计划，在乡村振兴重点帮扶县探索实行农技推广人员“县管乡用、下沉到村”新机制。支持供销、邮政、农业服务公司、农民合作社等开展农机作业、农资供应、产品营销等农业生产性服务，引导各类服务网点延伸到乡村。将贫困户产业发展指导员逐步调整转化为乡村振兴指导员。健全脱贫县农民教育培训体系，加快创业致富带头人、现代农民和农村实用人才培育，加强脱贫户和小农户技术培训，提升各类主体产业发展能力和生产经营水平。

(三) 健全联农带农机制

对带动脱贫人口稳定增收的龙头企业继续给予认定与扶持，在项目安排、示范评定、融资贷款、保险保责、用地用电等方面倾斜支持。继续实施脱贫地区企业上市“绿色通道”政策。优化东西部协作、对口支援帮扶方式，引导东部地区企业到脱贫地区投资兴业，鼓励东西部共建产业园区。深化脱贫地区农村集体产权制度改革，推动村集体经济做大做强。返乡创业扶持政策向脱贫地区延伸覆盖，引导农民工、大中专毕业生、科技人员、乡土人才在农村创新创业。将新型经营主体扶持与联农带农效果紧密挂钩，形成企业、合作社和脱贫户、小农户在产业链上优势互补、分工合作的格局。

（四）健全风险防范机制

把产业发展作为防止返贫动态监测的重要内容，对因自然灾害、病虫害、价格波动、产品滞销等出现产业发展困难的脱贫户、边缘户，及时开展有针对性帮扶。脱贫县定期开展特色产业发展风险评估，将龙头企业、农民合作社等新型经营主体作为主要评估对象，聚焦生产、经营、联农带农和政策措施落实等重点，系统评估产业发展面临的主要风险。从技术援助、市场服务、保险减损、金融风险化解、绿色发展等方面，完善防范和处置风险的具体措施。

四、强化组织保障

（一）压实工作责任

落实中央统筹、省负总责、市县乡抓落实的工作机制，相关部门加强工作指导和政策支持，强化部门间政策和工作协同，督促工作落实。各省（区、市）要把脱贫地区特色产业发展摆在突出位置，制定出台推进特色产业可持续发展的文件，明确目标任务和政策举措，强化工作部署和资金项目支持。脱贫县要落实主体责任，加强工作统筹，强化措施落实，有力推进特色产业发展。要保持工作队伍稳定，对产业发展落后、集体经济薄弱的村，优先选派驻村第一书记和工作队，明确产业发展帮扶职责。

（二）强化考核调度

把脱贫地区特色产业可持续发展作为市县党政领导班子和领导干部推进乡村振兴实绩考核的重要内容，科学设置考核指标，重点考核政策措施落实、特色产业覆盖、新型经营主体带动、服务体系建设等情况。完善脱贫地区特色产业发展信息系统，及时调度政策措施落实、产业发展规模、产品市场销售、品牌建设、主体培育、带农增收等信息，为开展精准评估和调整完善产业帮扶政策措施提供基础支撑。

（三）营造良好氛围

加强脱贫地区特色产业发展支持政策解读和业务培训，提高基层干部群众产业发展能力。总结推广脱贫地区特色产业发展经验做法和典型范例，广泛宣传社会各方帮扶产业发展的生动事迹，营造良好舆论氛围。持续开展产业发展领域形式主义、官僚主义问题治理，进一步解决责任落实不到位、工作措施不精准、工作作风不扎实等问题，构建产业帮扶作风建设长效机制。

第三节　促进脱贫人口稳岗就业

一、脱贫人口稳岗就业助力乡村振兴的现状

在乡村振兴阶段，就业援助仍然是一项重要的战略措施。中国目前已经全面地实现了脱贫，但是贫困仍旧存在，且以新的形式存在。随着农村改革的全面实施，国家开始拓展共同富裕这一基本目标，现阶段亟待解决的问题就是在脱贫攻坚的过程中让农民享受现代化的发展成果，增加农民收入，而就业是保障农民脱贫的主要途径。同时，通过对贫困地区的脱贫劳动力实施就业帮扶，还可以帮助贫困地区的脱贫劳动力实现稳定的工作。通过增加脱贫劳动力的就业机会和就业岗位，增强他们对社会的抗灾和适应能力，使他们能够稳定脱贫，生活富裕。乡村振兴战略不仅包含经济繁荣，还包含乡村生态适合居住、乡村文明和乡村文化建设等。在乡村振兴战略的引领下，未来乡村建设应做到以下几点。

一是实施乡村振兴战略，重新调整城乡关系，促进社区参与发展

进程。

二是加强农村基本商业制度，实现共同富裕。

三是深化农业改革，引进优质农业；坚持人与自然和谐发展，创造绿色发展。

四是促进可持续农业和农村文化。

五是建立创新的农村治理体系并改进治理。到2035年，基本实现农业农村现代化；到2050年，实现乡村全面振兴。因此，在乡村振兴阶段，就业帮扶措施对于乡村振兴目标的实现具有十分重要的意义，同时也面临许多的新的问题和新的挑战。

二、脱贫人口稳岗就业与乡村振兴有效衔接的对策

（一）激发农民内生发展动力

乡村振兴背景下，脱贫人口稳岗就业工作主体是广大的农民群众，而想要实现乡村振兴背景下区域产业和乡风文明的有机结合，不仅需要农户的积极配合，还需要将农户的内生动力激发出来，在宣传的同时做好引导和培训工作。想要增强农户的内生动力，不仅需要提升农户的参与意识，还要让农户深刻认识到脱贫人口稳岗就业的重要意义，以及其对乡村振兴的功效。因为参与的主体都是农户，因此政府需要强化教育的目标，让农户参与到自己家乡建设中，与此同时，完善相关实践活动中心以及技术培训讲座等工作。实际上，农户对于乡村振兴这一思想较为认可，但是想要帮助脱贫人口稳岗就业，还需要让农民通过培训提升自身技能水平。目前贫困农户的年龄普遍较大，适合贫困农户的岗位较少，需要建立培训制度，保障就业比较困难、身体有缺陷的贫困户接受有效培训，并持续做好后续保障工作。

在进城务工期间，按照三保原则，给予其安置处置。现在部分城镇就业岗位较少，为了激发农户学习技术的积极性，可给其办理养老保险、基本医疗保险、失业保险等，但是保险办理需要一定的条件，一是在技术上符合务工要求，二是有贫困户证明。对于符合这两点要

求的群体，在灵活就业的基础上，参与到社会保险中，可以较大程度地落实脱贫人口就业政策。但是这一举措不仅需要政策支持，还需要相关企业的辅助。因此政府应给予企业优惠政策，也要帮助企业做好公益事业宣传，使得企业提高利润的同时，帮助政府完成贫困户的就业工作。为了降低风险，政府可对贫困人口进行专项的扶持，让想要就业的脱贫农户参与到创业项目中，并且组织专家团队为其提供融资和创业项目咨询工作，提高其创业的成功率，增加脱贫人口的就业率。

（二）线上+线下融合完成培训工作

首先，建立劳动信息网。针对当地的贫困失业人口具体情况进行统计，详细统计创业人员信息。其次，设立专项技能培训、创业服务试点项目，基于精准帮扶就业的背景带领当地的劳务公司搭建就业服务网络。最后，建立村级劳动队伍。有组织地为当地的农业园区或乡村振兴项目拓展业务。为了让线上人力资源效用性得到有效发挥，并且在线上和线下搭建网络通道，必须保障贫困农户有一技之长，满足企业和项目的基本要求。一方面，可通过在线上建立面试平台的形式，了解贫困户的真正困境。例如，面对身体不方便高强度作业的农户，可为其提供电商职位培训，客服、美工等就业岗位。若是面对身体较为强壮，但是学历素质不高的贫困户，可考虑为其提供流水式作业工种。为了实现线上和线下培训工作的完美融合，可通过村委会线上授课的形式，在村委会设立多媒体教室，采用 8 小时授课制度，将相关的授课内容打印出来让农户自己选择不同的时间段和不同的培训内容。另一方面，每个村委会配置一名稳岗就业项目人员和当地企业技术人员辅助工作，准确记录农户接受培训的满意度，监测农户的培训结果。这样可以强化农户的体验学习效果，完成培训目标。

（三）加大资金扶持力度

一方面，政府要秉承社会责任观念，在监督稳岗就业工作的过程中公正公开，准确反映帮扶脱贫人口稳岗就业的实际情况，通过政策支持提升企业辅助政府稳岗就业的积极性。在帮扶脱贫人口稳岗就业、助力乡村振兴战略稳步落实的大背景下，政府必须肩负起规范和统一体制的责任，组织企业将零散的公益活动整体化，为企业构建透明的稳岗就业平台，将企业信息和企业可以提供的就业岗位准确记录下来，并且对外公示公开，方便相关企业和人民群众查看。另一方面，促进就业的措施包括支持创造就业机会、创造就业机会、调换工作、职业培训方案、创造就业机会等。在政策落实的过程中，政府需要加强技术管理，制定劳动力市场支持项目，严格批准相关项目，提供就业机会，确保项目顺利实施，惠及贫困人口。为了确保工作方案和资金的稳步落实，实现政策和对策的一致性与可持续性，应联合当地的银行为稳岗就业企业提供资金支持，并且根据当地的实际情况合理地安排资金的分配。

实际上近几年大多数企业都享受到了稳岗就业的补贴，对于企业来说这笔资金是十分可观的，但是部分企业没有将这些资金应用到实际稳岗就业工作中，只是在内部用于稳定既有员工就业。面对农村贫困人口的稳岗就业政策，政府应在固定的资金基础上筛选出为稳岗就业做出实际贡献的企业，为企业提供合作项目，在提高企业积极性的同时，为政府筛选诚信企业。

通过这一模式，不仅可以有效地节省部分资金，还能让企业积极配合政府服务脱贫人口稳岗就业。与此同时，当地的村委会需要在资金补贴发放之后，针对稳岗就业工作专门设立部门，让当地的贫困人口能够及时有效地了解稳岗就业的补贴政策，并且宣传稳岗就业对乡村振兴的作用。为当地的农业承包大户提供一定的合作项目和供给渠道，以众筹的形式筹集当地的资金，用于培训贫困农户，培训完成且符合要求的贫困农户可帮助农业承包大户完成相关工作并获得就业报酬。

乡村振兴为促进脱贫人口稳岗就业提供了总体方向，脱贫人口稳岗就业则是振兴农村地区经济的重要手段。通过对贫穷农户、农户素质和劳动力情况的调查，发现部分区域仍然缺乏财政支持、创业资金不足、线上培训工作不足、农民内在动力缺失等方面的问题，对此制定了一系列的措施来保证其稳岗就业。

第四节　深化重点帮扶和社会帮扶，加强重点帮扶

一、实施国家乡村振兴重点帮扶地区职业技能提升工程

为了贯彻落实中共中央、国务院关于实现巩固拓展脱贫攻坚成果同乡村振兴有效衔接的部署，2021 年 7 月，人力资源社会保障部和国家乡村振兴局联合下发《国家乡村振兴重点帮扶地区职业技能提升工程实施方案》（以下简称《方案》），以国家乡村振兴重点帮扶县、西藏自治区、新疆维吾尔自治区和新疆生产建设兵团等为重点，综合考虑大型特大型易地扶贫搬迁安置区技能培训需求，建立完善职业指导、分类培训、技能评价、就业服务协同联动的公共服务体系。加强技工教育和职业培训基础能力建设，加大帮扶力度，做到“应培尽培、能培尽培”，努力实现每个有培训需求的脱贫家庭和防止返贫致贫监测对象家庭（以下简称帮扶家庭）劳动力都有机会接受职业技能培训，每个有就读技工院校意愿的帮扶家庭“两后生”都有机会接受技工教育，加强农村高技能人才和乡村工匠培养。

《方案》明确，国家乡村振兴重点帮扶地区职业技能提升工程的主要任务是实施“六个一批”、举办“一项大赛”。即新建、改(扩）建 100 个左右技工院校和职业培训机构；建设 100 个左右高技能人才培训基地；建立 100 个左右技能大师工作室；开发 100 个左右专项职业能力考核规范；培育 100 个左右知名劳务品牌；培养一批高技能人才和乡村工匠；举办乡村振兴职业技能大赛。累计开展职业技能培训不少于 300 万人次，培养 5 万名左右高级工以上高技能人才和乡村工匠。

《方案》提出，要加大东西部协作和对口支援力度，加强技工院校对口帮扶。继续实施雨露计划，对帮扶家庭子女接受技工教育给予补助。落实好职业培训补贴政策。加强师资队伍建设和技术支持，遴

选建设一体化师资研修基地，建设技工院校师资研修平台，积极推动技工院校人才参与对口支援。

《方案》要求，各级人力资源社会保障、乡村振兴部门要将实施国家乡村振兴重点帮扶地区职业技能提升工程纳入当地经济社会发展总体规划，细化工作方案、强化资金保障、做好宣传动员工作、营造技能成才良好环境。

二、后脱贫时代社会帮扶动力

我国对社会帮扶的探索最早来自21世纪初对外迁移民安置的帮助研究，接着人们开始关注对困难群体（如五保户、患重特大疾病、失独家庭等）进行的社会帮扶。

（一）对人民生命权的重视是社会帮扶的根本动力

社会帮扶的目标是群众的生活质量改善，从根本上来说是对人的发展的重视，也就是对人民生命权的重视，这是社会帮扶的根本动力。对于人的生命权的重视由来已久。早在西汉刘向《说苑·杂言》中，就有“天生万物，唯人为贵”这一把人作为“万物之灵”的观点。古希腊哲学家、智者派代表人物普罗泰戈拉（Protagoras）提出“人是万物的尺度”。虽然视角不同，但对生命权的重视却是一致的。在马克思主义看来，“每个人的自由发展是一切人自由发展的条件”，尊重每个人的价值是马克思主义历来尊崇的；不仅如此，每个人处在一个个“关系”范畴中。正如马克思所说的那样，人是从事着实践活动的现实的人，而现实的人总是生活在自然和社会之中。马克思还认为，人首先不仅“直接地是自然存在物”，是“有意识的存在物”，更重要的是“对象性的存在物”。正是这种对象性的实践活动，使人既在生产劳动中改造世界，又在人与人之间构成各种社会关系，从而永续推动社会的发展。社会帮扶的动力就是要把对人的尊重放在这一关系范畴中，使帮扶对象处理好人与自然、人与社会以及人与人之间的关系，尊重人的生命权，使帮扶对象作为“人”受到关怀，达到一种“希望的有利状态”，实现个人发展与社会发展的和谐。中国共产党坚持以人民为中心的发展思想为社会帮扶提供了绵延不绝的动力。2021 年发布的《中国共产党尊重和保障人权的伟大实践》白皮书指出，自 2009 年以来，我国已制定实施 3 期国家人权行动计划，而这一行动计划已经实现了与国家发展规划的对接和统一。而第 4 期《国家人权行动计划（2021—2025 年）》已于 2021 年 9 月发布，确定了 2021—2025 年国家重点保护和促进人权的阶段性目标和任务。我国持续开展以农村扶贫开发为中心的减贫行动，以及在减贫事业上取得的巨大成就，不仅改写了我国人权事业发展史，也创造了世界人权保障新奇迹。中国共产党正确坚持和创造性运用马克思主义理论，坚持人民至上，坚持将人权的普遍性原则与中国实际相结合，坚持生存权、发展权是首要的基本人权。贫困是实现人权的最大障碍，社会帮扶正是满足人民群众生存权和发展权的有效途径。中国共产党不仅承认帮扶对象个体的物质利益，而且将这一利益的实现程度作为衡量社会进步的主要标志，在理论与实践的统一中揭示了利益原则是人与社会全面发展的最大动力。不仅如此，坚持人民幸福生活、促进人的全面发展是最大的人权，而社会帮扶的动因就是来自帮扶对象对幸福生活的追求。

社会帮扶的动力也来自《中华人民共和国宪法》（以下简称《宪法》）和《中华人民共和国民法典》（以下简称《民法典》）对人权尤其是生命权的重视。《宪法》第二章第三十三条明确规定，国家尊重和保障人权。《民法典》规定，自然人享有生命权。这是一项最基本的人格权，它在维护自然人的生命安全的同时，也成为自然人享有其他人格权的前提和基础。生命权是与身体权、健康权紧密联系的，其中身体权是必要条件。社会帮扶的动力来自像《民法典》这样的法律规定，从某种程度上来说社会帮扶就是维护人的生命权的表现，包含两项基本内容：一是保障帮扶对象生命安全，满足其基本的维持生命需要；二是维护生命尊严，主要是生的尊严与活的尊严。维护生的尊严，当事人无法做到，只能由社会与其父母给予保障。人出生后有权得到社会和他人的尊重，维护自己活的尊严。社会帮扶使人们体验到“生在新社会，长在红旗下”的自豪感，这就是维护生的尊严和活的尊严的表现。社会帮扶使帮扶对象过上好日子，提升生命质量，很好地诠释了人们对生命的享有权、维护权和生命利益支配权，使帮扶利益各方感受到了社会的公平、公正，最终实现维护生命尊严的目标。

（二）后脱贫时代重构社会帮扶动力机制的重构路径

后脱贫时代社会帮扶动力体制表现出自身的特色，同时也面临着现实的困境，因此需要重构社会帮扶动力机制，具体表现在以下几个方面。

1. 对帮扶对象需求的满足、协调和提升是社会帮扶的根本动力机制

对人的利益需求的不断满足、协调和提升是社会建设社会帮扶的根本动力机制。要缓解社会帮扶因动态变化的社会矛盾所面临的压力，就需要满足帮扶对象的需求。《中华人民共和国国民经济和社会发展第十四个五年规划和 2035 年远景目标纲要》提出，要以城乡低保对象、特殊困难人员、低收入家庭为重点，健全分层分类的社会救助体系，包括就业帮扶、消费帮扶在内的一系列帮扶政策举措仍需持续推进。持续推进社会帮扶不能一直躺在过去脱贫攻坚的功劳簿上，而是要提档升级，抓重点、补短板。例如，新冠疫情背景下的就业帮扶方面，就要开发一批与防疫相关的临时性公益性岗位，对受疫情影响无法离乡、无业可扶的贫困群体进行托底安置；将贫困群体作为线上春风行动的重点服务对象，免费开展线上培训，提升从业技能。又如，消费帮扶方面，要在生产端、流通端、销售端提档升级，严把帮扶产品质量关，让数据成为新农资，打造以电子商务、现代物流为主要抓手的新渠道，降低引发社会矛盾的问题苗头，推动消费帮扶活动的开展。

社会帮扶中的“融入行动”是激发帮扶动力、减少社会矛盾的重要实践经验之一。社会帮扶利益相关各方既有帮扶干部，也有帮扶对象，还有社会力量的结合。让社会帮扶利益相关各方力量融入帮扶对

象的生活，不做看客，有的地方还将“融入”情况作为一个指标来考核帮扶干部。“融入行动”是在脱贫之前结对帮扶的基础上采取的帮扶手段之一，从之前的“优势带领劣势和输入资源”，到当前提倡的“融入”，把帮扶看作是自己家的事，是一个重大进步。让帮扶干部与帮扶对象结成亲戚，以“一家人”的方式，体验到相互的成功和痛苦，而不是站在旁边指手画脚。让帮扶对象了解帮扶单位和帮扶干部的苦乐，就能让帮扶对象感受到真诚，从而乐意把自己的真实想法、感受充分地展现出来，使帮扶方案的设计和实施有针对性，也容易取得预期的成效。

2. 明晰社会帮扶目标并逐步实现是激发社会帮扶动力的有效手段

帮扶目标是帮扶行为所指向的最终状态，它也是帮扶对象在一定时间内所期望达到的行为结果。明晰社会帮扶目标并逐步实现是激发社会帮扶动力的有效手段。人们已经发现，激励个体的行为可以通过设置目标来完成，在一定条件下，目标设置得越高，个体工作越努力，其行为表现就越好，这一条件就是自我效能感。与个人目标研究结果相类似，群体目标的达成需要不断调节目标与群体效能之间的关系，使二者相协调。具有一定难度的帮扶目标往往可以维持较高水平的动力，可以通过子目标的达成产生相应的满足感和幸福感。从个人目标的设置来说，可以是自行设立的，也可以是帮扶干部或其他人帮助设立的。只有在帮扶对象理解和接受这些目标时，外在的期望或压力才会转化为动力，才具有激励作用。从群体目标的设置来说，要紧跟时代步伐，根据政策来制定，避免“群体思维”。但政策呈现的往往是一个比较长远的目标，这就需要制定群体可以实现的近期目标。由于近期目标具有实施和成功的可能性，因而群体帮扶更愿意选择近期目标。

在社会帮扶群体目标的实现过程中，需要通过利益相关各方的努力才能达成群体的目标。在某些领域（如消费领域）需要利益相关各方良好协作、各环节的良好沟通才能达成共同的目标，而在其他领域（如医疗领域）尽管要求利益相关各方相互协调并相互支持，但群体的目标达成度可能是利益相关各方独立取得的结果之和。乡村振兴战略总目标是农业农村现代化，表现为“坚持农业农村优先发展”和“产业兴旺、生态宜居、乡风文明、治理有效、生活富裕”等目标，而这些目标的实现是与社会帮扶中各个层面的问题解决密不可分的。对于已经脱贫但有返贫风险的地区来说，要解决好帮扶产业与保护生态的矛盾，解决好共同富裕与优先发展的矛盾，都需要经过整体性治理才能达到预期的目标。例如，临夏市立足实际，按照“合作社+农户”模式，探索发展庭院经济（如栽植啤特果等）。

在明确社会帮扶目标后要避免过度的压力传导，即把目标作为一种加压机制来实施。加压机制主要采用的是一种外来的压力，而不是自外而内的动力。加压的方式一般是严格考核和奖优罚劣，而不考虑任务的难度、帮扶对象的情况以及帮扶干部资源整合的能力。所谓的“高标准、严要求、争先进、创一流”之类的要求，并不能提升社会帮扶的动力，在某种程度上往往会降低参与的动力。社会帮扶通常由各单位抽调的干部形成的群体来重点实施。帮扶干部作为群体成员不仅要将自己正在做的工作与其他成员的工作协调一致，而且还会受到其他成员的信念、动机等因素的影响。在某些领域（如消费帮扶领域），帮扶干部对集体效能的评价可能会受到某个重要成员的个体自我效能的影响，而这一集体效能对于群体目标的达成非常重要；而在其他领域，帮扶干部的工作效率在某种程度上是由帮扶群体所提供的资源、帮扶对象所在地区的机遇和困难所决定的。

3. 培训帮扶干部，适应并引领解决动态社会帮扶中的结构不良问题

乡村振兴背景下社会帮扶遇到的问题绝大多数是结构不良问题，因为这些问题事实存在，一般没有明确的结构或者解决途径，比较难以根据以往经验进行解决。而要顺利解决这些问题，提升社会帮扶利益各方尤其是帮扶干部的动力是关键的一环。这就需要构建适合当地发展的培训体系，推动社会帮扶中结构不良问题的解决。

社会帮扶形势的发展和帮扶干部不断变化的培训需求倒逼培训内

容、培训手段、方式方法甚至是管理机制的快速更新。从内容上来说，要优化培训专题，围绕稳定脱贫、改善相对贫困面貌的目标，形成类似于“产业兴旺、就业有路、治理有效、乡风文明、生态宜居”等培训专题模块，形成帮扶系列化培训专题库。例如，2022 年 4 月 24 日《半月谈》报道的“一些地方扶贫资产为何成了‘死资产’”等问题，这些问题都可以作为培训时讨论的专题。从培训手段上来说，除了利用“互联网+”平台（如腾讯课堂、网易云课堂、网易公开课等）外，还要创建培训组织平台，充分整合社会资源，包括干部培训系统资源、高校资源、社会机构资源等，为培训提供优质素材。从培训方式方法来说，采用线上线下相结合的培训模式。开设“培训超市”，实施菜单式选课、模块式组课等方式。从培训制度上来说，健全完善培训规划制度、培训学分制考核管理等机制，将帮扶干部的培训留下痕迹（如培训表现、学习成果、实践效果等），并纳入培训评价体系，将学时学分纳入干部考核评优评先内容之中，从而提升培训质量，激发帮扶干部的工作动力。

培训帮扶干部的目的是解决结构不良问题或者棘手问题，不同层级、不同岗位的帮扶干部遇到的问题也有差异，因而他们的培训需求是不同的。应针对帮扶干部的层级和岗位，面向工作实际需要，科学合理设计培训内容，确保所提供的培训内容符合帮扶干部工作所需。采用研究式（如解剖麻雀式）、案例式（如钻研个案）、情境式（如创设情境）、体验式（如到现场去）等方式开展培训，或者采取送学到帮扶点和“培训+座谈+观摩”的形式，均可以收到良好的培训效果。“互联网+”时代，通过微信公众号、开发 App 可实现帮扶干部培训的实时化、一体化。

另外，还要考察帮扶干部培训转化是否完成，因为这是评估培训是否成功的关键。培训转化要关注的两个要点：一是同化，指培训干部能够将所学到的知识、技能记在心中；二是推广，即培训干部在帮扶工作过程中遇到那些类似情境和相似问题时，能够将所学到的知识和技能运用到工作中，并能够很好地解决那些棘手问题。培训转化的成效还要看两个方面：一方面是指帮扶干部能够将在培训过程中所学的知识转化成为自己的东西，成为自身素质的一部分，这属于外部知识的内在化；另一方面是指帮扶小组群体的转化，即帮扶干部能够将所学的知识和技能运用到工作中，使小组群体帮扶水平总体上得到提升，这属于内部知识的外显化。

第五章　加强农业资源保护和环境治理，推进农业绿色转型

第一节　提升农业资源保护水平，推进退化耕地等治理

一、提升农业资源保护水平

我国农业经济的快速发展，与良好自然环境息息相关，目前我国农业发展速度逐渐提升，而自然环境由于过度开发等人为因素，已经出现内部结构破坏等问题。为了防止环境继续恶化，就需要在进行农业生产的同时，对自然环境进行有效保护。

（一）农业资源保护的重要作用

农业资源主要包括农业经济资源以及农业自然资源。其中，农业经济资源指利用直接或者间接的方式，为农业生产带来一定的经济作用，这一过程称为农业经济资源，例如农业交通运输、农业设备以及农民劳动力等。农业自然资源指在农业生产过程中，需要使用的自然因素，例如环境资源、气候资源以及光资源和水资源等，农业活动在实际实施的过程中，需要对各种资源进行充分利用，将农业经济资源与自然资源充分结合。

农业资源对农业生产进行过程中的影响较大，要想在充分利用农业资源的基础上保护自然环境，就需要确定其中的影响因素，将农业资源的利用效率达到最大。例如，农业生产中的资源浪费现象，会导致许多资源无法得到有效的利用，造成土地资源和水资源的流失；在完成农作物收割之后，农民焚烧多余的秸秆造成空气污染；过量在农田施用农药化肥，造成氮磷流失，对水体产生污染等现象会对农业生

态环境造成严重污染，进而破坏农业生产发展与自然环境保护之间的关系。

（二）农业资源保护的有效措施

1. 平衡生态环境保护与资源利用之间的关系

自然环境与资源利用之间存在非常紧密的联系，二者之间存在一个平衡点，一旦打破了其中的平衡点，就会产生严重影响。因此，要想在农业资源利用的基础上对环境进行有效保护，最重要的一点就是保证二者之间的平衡，正确认识保护自然环境与利用农业资源之间的关系。例如，在农业生产的过程中，需要将自然规律作为发展基础，不能过度追求利益最大化。很多农民为了提升作物产量，过度使用土地资源，破坏了土壤中的内部营养结构，导致土地营养流失，不仅没有达到提升种植效率的目的，还会严重破坏农业生态环境。因此，整个农作物种植过程必须尊重自然环境发展规律，不能以牺牲生态环境作为农业发展的代价。

2. 提升光资源的使用效率

提升光资源的使用效率，能够提高农作物的种植产量，植物生长过程就是植物进行光合作用的过程，因此光是植物生长的必备条件之一。要想提升植物的光合作用，可以采用复合种植的方式，延长单位面积全年光合作用时间，在一定种植区域内，将一年的种植周期转化为半年甚至更短，增加植物的种植产量。例如，在完成小麦收割之后，可以种植玉米，对光资源进行充分应用，提升单位面积土壤中农作物的种植产量。同时，还要科学确定种植密度，使每株植物都能够充分进行光合作用，在尊重自然环境发展规律的基础上，确定种植密度以及种植数量，使用间种以及套种等方式，提升农作物的种植效率。

3. 提高水资源使用效率

水是植物生长的必备条件，针对农作物种植，可以优化浇灌方式，充分利用水资源，实现农作物种植的重复用水。例如，采用滴灌的方式，将输水管道安装在植物种植根部区域，把水资源直接传输到植物根部，相同生长效果的农作物，采用这种方式能够节省70%以上的水资源。除了这种方式之外，还可以整个种植区域划分为几部分，分区域进行种植，采用机器喷洒的方式旋转浇灌，这种浇灌方式也能够节约大量的水资源。目前我国存在多种浇灌方式，每种方式对应着适宜条件以及应用特点，因此，需要根据种植区域以及农作物自身生长特点选择适宜的灌溉方式，避免出现水资源浪费的现象，同时对环境进行有效保护。

4. 建立环境监测预警体系

这一过程需要采用先进的科学技术，我国在农作物种植的过程中，应用了大量的化学制剂，如农药、化肥、除草剂等，这些化学制剂虽然能够提升农作物的生长速度，但是对自然环境产生了一定的影响，一旦出现使用不科学或者使用不当等情况，将会破坏生态环境的平衡。因此需要建立环境监测预警体系，对种植环境的各项参数展开实时监测，如土壤水分含量、土壤营养物质、环境温度以及环境湿度等。这些指标是农作物生长过程中的重要影响因素，因此必须全过程监测。一旦其中一项参数出现异常，系统会自动发出异常信息，管理人员根据异常信息确定环境中出现的问题，将问题预警措施应用其中，对该现象进行合理控制。环境监测预警系统能够帮助种植管理人员实时了解作物周围生长环境的情况。这种方式能够将农业资源与自然环境有效结合，提升种植质量的同时保护环境。

通过以上分析能够看出，在充分利用农业资源的基础上保护自然环境，需要以长远的眼光看待这一问题，针对农业生产技术进行创新，建立现代化的农业生产体系。同时对农业资源进行有效保护和应用，根据我国的实际情况，建设一个具有中国特色的农业生产体系。

综上所述，充分合理地利用农业资源能够对自然环境的保护产生积极影响，同时这也需要长期坚持，不断努力。保证自然资源与环境发展之间的平衡，使二者能够长期稳定地发展。高效利用水资源以及光资源是充分提高农业资源利用率的重要组成部分，要对其合理应用，能够提升农业环境保护的质量。

二、推进退化耕地治理

近年来，许多地区耕地质量和粮食等主要农作物产量呈上升趋势，但受自然因素和耕地不合理开发利用等人为因素影响，局部地区出现了耕地盐渍化、水土流失、贫瘠化、沙化等退化现象，耕地质量有所下降，制约了耕地综合生产能力的可持续发展。

（一）制定耕地质量建设中长期规划

以保障粮食安全和耕地质量红线为目标，建议制定全国和不同农业区域耕地质量建设与保护提升中长期规划，通过政策扶持、技术创新、业务指导、产业种植结构调整等措施，统筹提高耕地质量和农田综合生产能力。

（二）加大耕地质量建设资金投入和连续治理力度

加强耕地质量建设专项资金支持，加大退化耕地治理力度，以建成的高标准农田为主战场，整片治理，连片推进，对同一片区耕地质量提升进行 3~5 年的连续投入治理和跟踪监测。

（三）推进耕地质量综合高效治理技术模式的示范

探索耕地质量综合高效治理技术模式，结合土壤理化性状和养分状况，针对不同耕地退化问题，对工程、农艺、化学、生物等单项治理措施进行组装，建立标准化、规模化、集约化的综合高效治理示范区。同时，加强基层耕保人员的技术培训和交流学习，了解耕地质量建设先进技术装备发展趋势，不断提升耕地保护队伍体系综合能力和技术水平。

（四）加强耕地质量智能化、信息化建设

加强信息平台与耕地质量监测网络的联动，加快智能监测装备的推广和应用，充分发挥监测智能装备实时、长效的工作特性和信息化技术高效快捷的数据处理优势，提升数据采集的广度与挖掘深度，为耕地质量监测、保护与利用提供及时、长久的技术与数据支撑。

第二节　集成推进农业面源污染防治，推进化肥农药减量增效

一、集成推进农业面源污染防治

“三农”问题是关系国计民生的根本性问题，也始终是全党工作重中之重。农村改革 40 多年来，我国农业农村发展取得了举世瞩目的成就，与此同时，也付出了巨大的资源环境代价，实现农业绿色发展所面临的资源环境形势更加严峻。既有源自工业企业的点源污染，又有源自农业自身的面源污染，这些污染直接影响了耕地土壤和水体质量，进而对农产品质量安全构成威胁。加强农业面源污染防治是实现农业绿色发展、确保农产品品质安全的有效途径与根本措施，是关系中华民族自身健康延续下去的重大战略问题。

（一）农业面源污染防治的难点

新时代，我国农业资源环境遭受着外源性污染和内源性污染的双重压力，农业已超过工业，成为我国最大的面源污染产业。特别是由于化肥、农药长期不合理、过量使用，畜禽粪便资源化利用程度低，废弃农用薄膜未能有效回收等问题，导致了日益严重的农业面源污染。农业面源污染的多源性、广泛性，均成为农业面源污染防治的难点。

（二）强化农业面源污染防治的对策建议

保护耕地土壤与灌溉用水的质量是实现农业绿色发展、确保农产品质量安全的两大核心。其前提就是要强化农业面源污染防治，保障农业生产环境系统健康。根据上述农业面源污染防治的难点分析，以及防治过程中存在的问题，特提出如下对策建议。

1. 以绿色发展理念为指导，全面推进农业面源污染防治

绿色发展成为时代的主旋律，也是农业发展的理论指南。要实现乡村生态振兴，助力乡村产业振兴，农业面源污染防治是重要的内容之一。而农业面源污染问题是农村改革以后积淀下来的，存量非常

大。为此，对各级政府而言，应清醒地认识到农业面源防治对实现农业绿色发展，确保农产品品质，满足人民日益增长的美好生活需要的重要性；同时，也要清晰地认识到农业面源防治的紧迫性和艰巨性，并开展有效的宣传工作，提高广大农民对农业面源污染防治的认知、参与水平，提升广大农民科学使用化学投入品的能力。

2. 注重实施效果的监测与评价

针对农业面源污染防治，国家出台了一系列的政策措施，并推行了相应的行动计划，取得了一定的成效。进一步推动农业面源污染防治，应对国家相关政策、行动计划的效果实施监测及评估。为此，在全国范围内选择典型区域，对农业面源污染防治行动的实施效果进行监测及评价，在分析行动有效推行的基础上，客观分析行动的实施效果，以及实施过程中存在的问题，提出进一步完善的政策建议。另外，评价过程中，应对政府、企业、农民等不同群体进行广泛调研，分析他们对实施这些行动的态度及意愿。与此同时，充分利用 GIS 信息技术，对农业面源污染实施监测，及时公布监测结果，为有效开展农业面源污染“靶向治理”提供依据。

3. 加强农业污染防治技术研究、推广及培训

农业面源污染防治需要有效的技术做支撑，为此，应基于不同区域农业面源污染防治的实际，做好农业面源污染防治的区域性规划，并开展有针对性的技术研究、推广及培训工作。由于不同区域农业生产结构、生产方式、生产规模等存在差异，农业面源污染状况也各不相同，农业面源污染防治的重点、所需技术等都有明显差异，因此，需要做好农业面源污染防治的区域性规划，对区域农业面源污染防治的重点、难点、路径等进行科学诊断，特别是对所需要的技术提出精准要求，更好地实施精准防治农业面源污染。为提升技术对农业面源污染防治的支撑服务能力，应在规划框架内，根据新时代农业面源污染防治的特点，充分发挥区域农业大学、科研机构的智力优势，开展新技术的研究工作，围绕新型高效肥料、高效低毒农药、绿色防控技术、畜禽粪污低成本治理技术、秸秆农膜等农业废弃物资源化利用技

术进行研究开发。同时，注重高寒等特定气候条件区域农业面源污染防治技术的研究。

不同区域农业面源污染防治所需要的技术，既有共性，也更应突出个性。特别是对高寒等特定气候区域，农业面源污染防治技术的个性更为突出。一方面应大力推广应用已经成熟的技术，另一方面对新研发技术应及时加以推广应用。为此，应建立完善的技术推广服务体系，为技术推广应用提供组织保障。同时，应开展相应技术效果的评估，特别是潜在的负面影响评估。提高农业生产主体参与农业面源污染防治的积极性，仅是加强农业面源污染防治的一个方面，更重要的是要加强对农业生产者的技术指导和培训，引导农民科学用药、合理施肥，以及采用绿色防控技术，减少农业面源污染。

4. 实施多维创新，全面推进农业面源污染防治

良好的农业生产环境是农产品质量安全的前提。为此，应通过产业模式创新、管理机制与体制创新等，推动农业面源污染防治，提升农产品质量。重构循环型农业产业体系，实现种植业与养殖业的协调发展。在养殖业发展中，根据养殖规模确定消纳养殖废弃物的耕地面积，一方面可以流转农民的耕地，另一方面可以与农民建立利益共同体，切实构建种植业与养殖业紧密联系的循环型产业体系。

要求农业生产资料生产中严格根据农业绿色发展的要求，从源头上杜绝对耕地土壤系统、水体系统健康造成污染。严格规范农业生产主体行为，使其严格按照农产品质量标准体系进行生产，减少农业生产过程造成的面源污染。同时，建立与完善农产品生产的服务体系，以及农产品质量的安全检测监督。

创新农药包装物、废弃农用塑料薄膜回收机制，充分发挥政府、企业、农业生产主体的作用，特别是应建立企业的责任延伸制度，发挥其生产环节及废弃物资源化环节的关键作用。为此，政府应采取补贴方式，鼓励企业在产品销售集中地区，建立废弃物资源化回收利用站，对废弃物进行处理利用。或者鼓励相同企业组成产业联盟，共同建立废弃物资源化回收利用市场，对废弃物进行处理利用。推广生态

养殖发展模式的同时，强化兽用抗生素生产与使用过程的监管，严格执法。同时，畜禽养殖业充分利用中草药，对中草药作为添加剂取代抗生素的技术及产品进行研发。此外，需要加大农业面源污染防治投入，在支农资金中划出一定比例用于农业面源污染防治，选择重点区域、重点项目、重点技术进行扶持，保障农业面源污染防治理工作的有效实施。

二、化肥农药减量增效

持续推进化肥农药减量增效是提高农业经济效率和促进农业绿色、高质量发展的重要途径。通过对新时期化肥农药减量增效的路径分析，提出新时期化肥农药减量增效的措施。

（一）强化新时期化肥农药减量增效对农业发展的认识

首先，化肥农药减量可以节约农业成本，提高经济效率。化肥农药的使用量不断减少，可减少不必要的农业投入量的开支，节约农业成本，增加农民收入。化肥农药的利用效率提高会使得农业的经济生态效益显著提高。

其次，化肥农药的减量增效能够提升农产品品质，创响绿色品牌。必须持续地减少农药化肥的使用量，这样才可以提升农产品的品质，更好地保障农产品安全问题，满足消费者多样化的需求，创响绿色农业品牌。

最后，化肥农药的减量增效还有利于节能减排，保护生态环境。化肥农药的过量化还会造成农业和农村的面源污染，破坏生态环境。持续推进农药化肥减量增效行动，可以从源头上减少农药对环境的影响，有利于生态环境的保护。

（二）完善化肥农药减量增效的补偿机制

目前我国农业生产过程中不能完全地避免化肥、农药的使用，这是无法改变的客观事实。由于缺乏相应的科技支撑，导致新型化肥农药、化肥开发与研制缓慢。品种结构的不合理，导致很多农民在选择化肥农药时针对性不强。所以，很多农户在生产过程中只能选用毒性强，对环境污染很大的化学肥料和农药。为此，需要政府完善减量增效的补偿机制，加大对生物型农药等低毒性农药的补贴力度，鼓励支持引导农民使用新型农药、化肥，减少化学农药的使用量。

（三）改善农药化肥的品种结构

从源头上对化肥农药的生产与售卖进行把控，加快对高毒、高风险农药的替代和管理，提高微毒、低毒农药的占比。加大科研投入力度，创新推出新型无公害的化肥和农药产品，代替传统高污染的化肥农药，改善产品结构，落实好化肥农药减量化行动方案，推动现代农业绿色发展。

（四）进一步提高农民的环保意识

农民作为农业生产活动的主体，是化肥农药减量增效行动中极为重要的影响因素。从文件的下达到农民接收到指令，信息的传递是需要时间的。要选取合适的宣传方式，让农民易于接受，科学地认识化肥和农药，推行定额施肥的科学施肥方式，提高农民的环保意识。

（五）加大政府相关部门的监管力度

政府要积极履行国家和人民赋予的责任，真正地从人民的角度出发，把化肥农药的减量增效行动落到实处。制定好详细的化肥农药减量方案并落实好各部门的责任，对于市场上出现的非法农药、化肥的销售网点加大查处力度和监管力度，确保化肥农药减量增效行动的顺利实施。化肥农药减量增效行动的实施是符合现代农业绿色生态发展的方向的。化肥农药的减量化可以保证粮食安全和作物的产量，有利于促进农业的绿色可持续发展。

三、开展农业废弃物资源化利用

（一）我国农业废弃物资源化利用现状

加快推进农业废弃物资源化利用，是贯彻中央决策部署的具体行动，是解决农村环境脏乱差、建设美丽宜居乡村的关键环节，也是解决资源环境刚性约束、全面推进乡村振兴、促进农业可持续发展的迫切需求。党中央、国务院高度重视农业废弃物资源化利用工作，《中华人民共和国循环经济促进法》《国务院办公厅关于加快推进畜禽养殖废弃物资源化利用的意见》《关于推进农业废弃物资源化利用试点的方案》、党的十九大报告和二十大报告都对农业废弃物资源化利用作出了明确部署。在相关政策和系列科技项目支持下，农业废弃物资源化利用和标准化技术均取得了重要进展。

我国秸秆资源丰富，综合利用成效明显。据农业农村部发布的《全国农作物秸秆综合利用情况报告》，2021 年全国农作物秸秆利用量 6.47 亿吨，综合利用率达 88.1%，较 2018 年增长 3.4 个百分点。2021 年秸秆还田生态效益逐步显现。

（二）畜禽粪污资源化利用现状

畜禽粪污资源化利用关系人居环境、耕地保护、清洁能源等多个领域。近年来，随着人们生活水平的提高，城乡居民对猪、牛、羊、禽肉和奶制品的需求不断增加，我国畜牧业持续稳定发展，规模化养殖水平显著提高，保障了肉蛋奶供给，单场出栏 100 万头以上的超大规模猪场频现，而养殖场粪污处理设施水平建设跟不上猪场规模，导致畜禽粪污处理压力剧增。截至 2020 年底，全国畜禽粪污综合利用率超过 76%，规模养殖场设施装备配套率达到 97%，分别比 2015 年提高 16 个和 47 个百分点，基本解决了规模养殖场畜禽粪污直排问题，畜禽养殖污染状况明显改善。

（三）加强顶层设计，建设科学合理的标准体系

标准体系建设是引领和规范农业废弃物资源化利用的技术基础，建立科学系统、协调统一、动态优化的农业废弃物资源化利用标准体系，是一项战略性、基础性工作。

中国农业循环经济标准体系的构建研究为农业废弃物资源化利用标准体系建设提供了指导思路，同时还应考虑以下 3 个方面：首先，要建立完善标准的管理制度，促进政策、标准、科研成果协同发展。加强政府部门宏观引导，制修订与政策相配套协调的标准，加快标准更新速度，增强政策和标准的协调性、适应性和实用性，保证标准与科研成果协同发展。同时，各地也要因地制宜，全面梳理资源化利用

全链条技术应用现状，针对不足研制相应的地方标准作为补充，如福建省畜禽粪污资源化利用标准化建设已取得了一定成效，但仍需构建符合农业废弃物资源化利用特点的标准体系。其次，农业废弃物标准体系应充分考虑不同的废弃物种类和产业链全过程，以及过程中需要的设施设备、检验检测、信息化等资源，要进行系统性研究。最后，还应重视农业生产端的标准化研究，农业生产标准化水平的提升，不仅能促进农业结构调整，实现农业生产要素整合，还可有效整合资源，减少农业投入品和废弃物，有效控制农业面源污染。

（四）加强数据资源监测质量，提升绩效评价管理能力

我国农业废弃物资源依然存在数据分散、“家底”不清、质量不明等问题，影响农业废弃物资源的科学管理与利用效率评价。一方面，为摸清农业资源家底，建立农业资源台账制度，以更清晰地评价农业资源变化及利用效率，提高农业资源监测管理水平，促进农业可持续平衡发展。现行的农业行业标准《农作物秸秆资源台账数据调查与核算技术规范》（NY/T 4158—2022）规定了农作物秸秆资源台账的数据获取、核算和质量控制，适用于县域农作物秸秆资源台账数据调查，同时适用于县级及以上管理部门农作物秸秆和资源台账数据核算。2021 年农业农村部办公厅、生态环境部办公厅联合下发《关于加强畜禽粪污资源化利用计划和台账管理的通知》，制定了畜禽养殖场（户）粪污资源化利用台账参考模板，但仍需在政策推动实施的基础上进一步研制畜禽粪污资源化台账规范，为实现农业废弃物资源底数的规范化、动态化监测提供方法依据。另一方面，我国力争于 2030 年前实现碳达峰、2060 年前实现碳中和，而农作物秸秆综合利用和畜禽粪污资源化利用是农业农村碳达峰碳中和的重要途径，固碳减排贡献和未来潜力不容忽视。因此，有必要制修订秸秆和畜禽粪污未来可利用资源量估算的标准规范，助力碳达峰碳中和。

（五）加大科技创新和推广应用力度，提高专业化产业化水平

2021 年农业农村部办公厅、生态环境部办公厅联合下发《关于加强畜禽粪污资源化利用计划和台账管理的通知》，要求进一步提

高畜禽粪污资源化利用的规范化、标准化水平。2022年中央一号文件明确提出，“推进农业农村绿色发展”“加强畜禽粪污资源化利用”“支持秸秆综合利用”。因此，要继续加强科技创新，强化科技支撑，着力提升农业废弃物资源化利用的标准化水平，围绕重点领域熟化一批新技术、新工艺、新装备，继续在利用技术、加工设备等标准和规范方面取得突破，形成农业废弃物资源化利用全链条、全过程的技术规范和装备标准，提高秸秆综合利用和畜禽粪污资源化利用的标准化水平和利用效率。

为保证各项利用技术能够切实落地，要推广典型模式、鼓励多方参与，加强示范展示、指导培训和推广应用，提高专业化产业化水平。一方面，要实现产业专业化、规模化发展，应积极促使政府和企业实现联合发展，对农村产业链进行延伸，加快当前农业废弃物资源化利用企业的发展，积极培育相关生产组织；加强产业间的联合，实现规范的规模化的农业废弃物资源化利用，促进相关行业的整体发展；开展农业废弃资源化利用的企业标准化试点和示范，发挥龙头引领作用，以获得高水平的标准化产品和服务。另一方面，在生产中更好地推广应用农业技术标准、管理标准等，离不开广大农民和农民专业合作社等实施主体，当前大多农民对农业生产标准规范认知不足，在推广农业标准化生产时缺乏积极性、主动性，须不断完善农业科技支撑体系，从实际出发，将农业科技成果多和生产实践相结合，通过培训班、田间地头技术传授及网络授课等多种形式，对农民进行专业技术、管理知识的培训，传输其科学生产管理理念，加速其知识体系更新，增强其应用先进的标准化农业生产模式的主观能动性，减少农业废弃物产生，提高资源化利用率。

四、建设绿色发展先行区

农业绿色发展先行区指开展绿色技术综合试验、建立长期固定的观测试验站，形成不同类型地区、不同作物品种的农业绿色发展典型模式。乡村主体功能和空间布局是实现绿色发展的重要基础和前提，为农业绿色发展先行区早日实现发展目标，需要对乡村地域功能和结构进行合理科学的调控，确保其主体功能得以实现，改变发展困境。乡村功能是指乡村具有多种职能，其作用是为居民提供全面的服务，包括文化、经济、人居、生态环境等多方面，拥有着农业生产、经济发展、环境保育和生活宜居等城市不可替代的功能。

（一）聚集要素强保障，增强农业绿色发展动能

1. 强化资金促动

推动将农业绿色发展先行先试支撑体系建设纳入中央财政农业生产发展资金指导性任务清单，争取专项资金支持农业绿色发展技术、标准、观测试验等方面建设，引导和撬动社会资金和金融资本广泛参与先行区建设发展。

2. 强化人才带动

出台专业人才招引优惠政策，引导科研人才、技术人才、返乡大学生等参与绿色技术研发推广，并鼓励在农业绿色发展领域创新创业。加强基层农业干部队伍建设，推动建立农技推广、农业基地监测、农产品质量监管“三位一体”的基层农业公共服务体系，初步构建“科技人员直接到村、良种良法直接到户、技术要领直接到人”的人才支撑长效机制。

（二）多管齐下强保护，夯实农业绿色发展基础

1. 强化耕地资源保护

开展耕地后备资源调查，统筹推进耕地后备资源开发，通过闲置土地复垦、集中建房和废旧房屋拆除等多渠道补充耕地，新增农田。实施新增建设用地规模总量控制、统筹使用，对项目需用土地，优先在存量未利用范围内重点选择，严格落实土地用途管控，守牢耕地保护红线，确保粮食安全和重要农产品供给。

2. 优化农业产地环境推行测土配方

施肥、生物防控等技术，推广高效缓释肥料、高效低残留农药等新型产品，推动测土配方施肥技术覆盖率，加强农业废弃物资源化利用，提高畜禽粪污综合利用率、秸秆综合利用率。

3. 加强农业生态保护

加强土壤重金属污染防治，通过“选用低镉品种+撒施石灰+全生育期水分管理+喷施叶面阻控剂”等措施，加强外来物种入侵防控，通过人工捡拾、生物防治、药剂防治等措施，防治“加拿大一枝黄花”、福寿螺等外来物种入侵面积约667公顷，有效阻止外来物种蔓延扩散。

（三）多措并举强建设，健全农业绿色发展支撑体系

1. 开展观测试验建设

加快推进农业绿色发展长期固定观测试验站建设，加强科研院所等协同合作，提升观测试验能力水平。全面开展水、土、气、生、肥、药六大类28项指标监测，强化数据研究分析，开展技术应用试验，为绿色技术从“试验田”走到“大田”提供支撑。

2. 健全绿色标准体系

制定《稻渔综合种养技术规范　第4部分：稻虾（克氏原螯虾）》（SC/T 1135.4—2020）、《小龙虾速冻加工技术规程》（T/QYDX 002—2021）等一批技术规程，集成创新一批稻田减肥、减药、增效等绿色生产标准，率先构建稻虾生态种养标准体系。完善绿色有机农产品生产、特色水产品养殖等标准体系，实现主导产业、主导品种生产过程全覆盖。

3. 推广绿色技术模式

依托稻渔综合种养基地，推广选用优质高抗品种、增苗减氮栽培、稻虾连作绿色生产、稻虾连作+稻鱼共生绿色生产四大绿色种养技术，推行“稻虾综合种养”循环技术模式。

第三节　加强重点流域生态环境治理，抓好长江十年禁渔

一、重点流域生态环境治理

经国务院同意，生态环境部、国家发展改革委、财政部、水利部、国家林草局等五部门于2023年4月联合印发《重点流域水生态

环境保护规划》（以下简称《规划》），提出到2025年，主要水污染物排放总量持续减少，水生态环境持续改善，在面源污染防治、水生态恢复等方面取得突破，水生态环境保护体系更加完善，水资源、水环境、水生态等要素系统治理、统筹推进格局基本形成。

2022年，全国地表水优良水质断面比例达到87.9%，长江干流国控断面连续3年全线达到Ⅱ类水质，黄河干流国控断面首次全线达到Ⅱ类水质，我国水生态环境保护发生重大转折性变化。但同时，我国水生态环境保护面临的结构性、根源性、趋势性压力尚未根本缓解，与美丽中国建设目标要求仍有不小差距。

生态环境部水生态环境司司长黄小赠表示，《规划》坚持稳中求进、实事求是，合理设立“十四五”水生态环境目标，到2025年，全国地表水优良水体（Ⅰ~Ⅲ类）比例达85%，较2020年提高1.6个百分点，水环境质量保持持续改善势头。

二、抓好长江十年禁渔

关于长江大保护的地理范围，大致有长江、长江流域和长江经济带3个层次：①长江是自然地理中的河流和水系单元。它发源于青藏高原的唐古拉山脉各拉丹冬峰，干流流经青海、西藏、四川、云南、重庆、湖北、湖南、江西、安徽、江苏、上海共11个省（区、市），注入东海，全长约6 300千米，居世界第三位。长江还有数百条支流辐射南北，延伸至贵州、甘肃、陕西、河南、广西、广东、浙江、福建8个省（区）的部分地区，淮河的大部分水量也通过大运河汇入长江。②长江流域是自然地理中的一级流域单元。这一流域包括长江干流和支流流经的广大区域，共计19个省（区、市），流域总面积约180万平方千米（约占我国国土面积的18.75%），流域内有丰富的自然资源。③长江经济带是经济地理单元，也是依托长江的流域经济。这一重要经济带覆盖了上海、江苏、浙江、安徽、江西、湖北、湖南、重庆、四川、云南、贵州共11省（市），面积约205万平方千米（约占国土面积的21.35%），人口超过全国的40%。

长江、长江流域和长江经济带之间有着密切联系。长江的生态系统完整性和长江流域系统性是长江经济带发展的基础。在发展与保护实践中发现，长江流域的生态环境问题在长江上下游、干支流和左右岸有很强的相关性。因此，长江生态治理应从流域尺度统筹考虑，重中之重是长江生态系统的保护，目标是长江流域内经济—社会—自然协调发展。

（一）水生生物多样性是长江流域生态系统健康的标志之一

流域生态系统是典型的“山水林田湖草”生命共同体。降水和地表径流把流域内各个部分有机地联系在一起，其中湿地（特别是河流）的水资源、水生态、水环境和水灾害反映了生命共同体各部分之间发生的过程，而这些过程又决定了流域生态系统及其亚流域的结构与功能。水生生态系统是流域维系物质循环、净化水域环境的重要组成部分，它以水生生物为主体，没有水生生物的水体就是没有生命的“一潭死水”，同时，流域生态系统的食物网中最重要和最敏感的组成部分也是水生生物。因此，评估与维持长江流域生态系统健康的主要标志之一是水生生物多样性，而水生生物中最关键的类群是鱼类。所以，鱼类多样性被视为流域生态系统的结构与功能是否健康的主要指标，在长江大保护战略中受到高度关注。白鲟的灭绝给了人们更多启示。白鲟体形硕大，体长可达七八米，游速迅疾，被称为“中国淡水鱼之王”，也是世界十种最大的淡水鱼之一。

它属于河海洄游鱼类，对长江上、中、下游的生态环境以及栖息地连通性的依赖性极强。白鲟处于流域生态系统中食物链的顶端，而这样顶级物种的灭绝清晰地表明长江流域需要系统性保护。与白鲟类似，中华鲟也属于河海洄游鱼类，它的长期生存需要完整的栖息地和洄游路线，这就要求从全流域尺度共抓大保护。总之，要根据鱼类等水生生物保护和水域生态修复的实际需求，设法恢复流域内水生生物重要栖息地的生态功能。

（二）长江禁渔十年的必要性

研究表明，长江流域上、中、下游地区的自然、社会与经济共同构成一个完整的社会—经济—自然复合生态系统，这个复合生态系统的各个组成部分之间联系非常紧密，牵一发而动全身。在长江大保护实践过程中，除了努力减少水质污染等措施外，“十年禁渔”制度是关键之举，也是恢复长江的生态系统完整性和流域系统性的重要一步。“十年禁渔”又称“十年禁捕”，是指在重点水域实行暂定十年的禁止天然渔业资源的生产性捕捞，禁止捕捞的主要对象包括鱼类、甲壳类、贝类、藻类等水生经济动植物。为了推进水生生物多样性恢复，长江流域已长期实行了禁渔期和禁渔区等禁渔制度：从 2003 年 4 月起，长江流域实行每年 3 个月禁渔的制度；从 2015 年 12 月起，调整为每年 4 个月禁渔的制度；从 2017 年 1 月起，流经云南、贵州、四川三省的长江一级支流赤水河率先实施“十年禁渔”试点；从 2020 年 1 月起，长江流域的 332 个水生生物保护区全面禁止生产性捕捞；从 2021 年 1 月起，长江干流，长江重要支流岷江、沱江、赤水河、嘉陵江、乌江、汉江和大渡河，以及通江湖泊鄱阳湖和洞庭湖（合称“一江两湖七河”）等重点水域全面实行“十年禁渔”制度。截至 2022 年 12 月，长江的渔船渔民退捕基本完成，并在打击非法捕捞方面形成震慑，而且水生生物资源得到一定程度的恢复。同时，为保障渔民合法权益，国家和地方也开展了退捕渔民的安置保障工作。

（三）长江口是流域保护不可忽视的区域

长江口是长江在东海入海口的一段水域，也是长江流域的重要组成部分。长江口对本流域水生生物资源的整体保护具有不可替代的意义，因而它的有效保护在某种程度上关乎长江大保护的成败。一方面，长江口受长江干流淡水径流与海洋咸水潮汐的交互影响，产生各种复杂的物理、化学、生物和沉积过程，其水质同时具有淡水、咸淡水和海水 3 种特性，形成了独特的自然条件，构成丰富多彩的水生动物栖息地和产卵场所，并能提供充足的食物。因此，长江口成为许多水生生物，特别是河口定居性鱼类和洄游鱼类的关键栖息地，也是成体育肥、产卵和幼体发育等生物学过程发生的重要区域，对于长江流域水生生物生活史的整体保护尤为关键。长江口的鱼类组成较为复杂，包括淡水种类、河海洄游种类、半咸水种类、近岸广盐性种类、近海种类等生态类型。另一方面，长江口特殊的河海属性使其成为许多洄游鱼类从长江干流到近海洄游的重要通道。长江口的陆海物质交汇、咸淡水混合、径流与潮汐相互作用，共同营造了特殊的盐度、泥沙和水深环境，是洄游鱼类进行咸淡水过渡的生态适应区域。刀鲚和中华鲟都把长江口作为生理适应场所，用于调节体液渗透压，以便适应新环境。其中，中华鲟是长江典型的溯河产卵洄游鱼类，成体于每年10—11月前往长江上游繁殖，随后孵出的幼苗顺江而下，到长江口稍作停留，再在大海中发育。因此，长江口对中华鲟等洄游性珍稀濒危水生生物的保护至关重要。

着眼于长江大保护的需要，从长江流域禁渔效果的视角出发，国家设立了长江口禁捕管理区并自2021年1月1日起实施。这样，十年禁渔的范围就拓展到长江口，合称“一江一口两湖七河”。这体现了江—海生态敏感区的保护亦是长江“山水林田湖草”生命共同体从流域生态系统到江海界面生态系统整体保护的理念，是我国在大河流域系统性保护与治理实践中的智慧。

长江流域已成为全国乃至全球关注的大河流域科学治理与生态文明建设区域。长江流域保护是一项系统工程，长江大保护要从生态系统整体性出发，统筹“山水林田湖草”等生态要素。虽然《中华人民共和国长江保护法》的实施使得长江流域进入全面依法保护与治理的新阶段，长江大保护正从全局角度寻求新的治理之道，构建流域综合治理新体系，但生态系统修复不可能一蹴而就。长江大保护仍面临诸多难点与挑战，需要久久为功，深入探索有利于流域生态系统保护的体制机制，形成全社会投入的长效合力。

三、推进黄河流域农业深度节水控水

水利部将全面落实《中华人民共和国黄河保护法》，坚持节水优先，进一步完善配套制度，推进黄河流域水资源节约集约利用和水土流失治理。

（一）加强灌区取水许可管理

对于已办理取水许可的灌区，按照灌溉用水定额、批复的灌溉面积、现状农田灌溉水有效利用系数等参数严格核定取水总量。对于未办理取水许可的灌区，按照《取水许可和水资源费征收管理条例》的有关规定执行。严格水资源论证，按照“以水定地”原则核发取水许可证。同时，加强灌区取水许可的事中事后监管，坚决查处超许可取水、超计划用水。

（二）完善灌区取退水监测计量

针对引黄灌区以耗水量核定年度计划用水量的管理模式，建议进一步配套完善大中型灌区渠首及骨干渠道及以上重要分水口取水在线监测设施，因地制宜监测灌区退水。建议开展引黄灌区耗水系数研究，科学确定流域不同区间大型灌区耗水系数，提出精准测算耗水量的必要计量监测设施布局方案和管理模式，有效推进流域统一治理管理。

（三）压减不合理用水需求

建议在落实好粮食安全地方行政首长责任制的前提下，合理调整作物种植结构，降低高耗水作物种植面积。严格灌区取水用途管制，坚决遏制“造湖大跃进”。杜绝以引黄调蓄为名建设人造水面景观项目，严把引黄调蓄项目水资源论证审查和取水许可办理关口。

（四）推进跨流域调水工程建设

黄河流域水资源天然禀赋不足，即使在充分节水的前提下，现有水资源亦不足以支撑黄河流域“一轴两区五极”发展动力格局。《黄河流域生态保护和高质量发展规划纲要》明确提出，“深化跨流域调水工程论证，加快开展南水北调东中线后续工程前期工作并适时推进工程建设”。因此，建议加快重大引调水工程建设，深化南水北调西线工程研究，力争尽早启动前期工作。

（五）推进标准化农田建设

建议优先在黄河流域安排实施高标准农田建设，加强高效节水灌溉等田间灌排工程与加强田间灌排工程与灌区骨干工程的衔接配套，形成从水源到田间完整的灌排体系。

四、河北石家庄的生态、环境、水利政策

（一）石家庄防止水土流失，建设生态宜居家园

水是生命之源，土是万物之本，水土资源是人类赖以生存和发展的基础性资源。石家庄市水利局将水土流失治理与提升农业生产能力、发展特色产业紧密结合，坚持系统治理，实现生态效益、经济效益、社会效益的显著提升。该局坚持山水林田湖草综合治理，认真落实《石家庄市水土保持规划（2018—2030年）》和《石家庄市生态清洁小流域建设实施方案（2020—2025年）》，加快推动石家庄市水土保持工作高质量发展。以水土流失治理为引领，统筹中小河流治理、面源污染防治、水环境改善、人居环境提升、乡村旅游开发等建设任务，促进人居环境改善和经济社会协调发展。同时，大力实施生态清洁小流域建设，提升生态系统质量和稳定性，提供更多更优质的水土保持生态产品，努力打造一批小流域综合治理提质增效示范样板和生态清洁小流域示范工程。

在水土保持工作上，石家庄市水利局坚持以"尊重自然，注重预防，强化治理，打造绿水青山，推进水土流失防治体系和防治能力现代化"为总体目标，将"基础扎实、管理规范、科技引领、生态良好、百姓受益"作为工作理念，探索走出了一条流域治理、整片带开发、多措施配套、可持续发展的生态恢复之路。

花沟村属于白洋淀上游，为了更好地治理和保护白洋淀上游生态环境，市政府从山顶到沟谷依次构建"生态修复区、生态治理区和生态保护区"3道防线，将水资源保护、沟道治理、坡面治理等结合到一起。小流域治理发展的同时，也带动了周边片区的发展，让村子变得更加有活力。

（二）石家庄市坚持预防监督与综合治理并重，生态建设持续向好

党的二十大报告提出，"大自然是人类赖以生存发展的基本条件。尊重自然、顺应自然、保护自然，是全面建设社会主义现代化国家的

内在要求。必须牢固树立和践行绿水青山就是金山银山的理念，站在人与自然和谐共生的高度谋划发展”。

为落实全面推进水土保持生态文明建设的部署要求，近年来，石家庄市水利局始终深入贯彻山水林田湖草沙系统治理理念，统筹市林业局、自然资源与规划局等部门水土保持工作职责，坚持以小流域为单元，以水系、村庄和城镇周边为重点，以山青、水净、村美、民富为目标，科学规划，因地制宜，针对性采取工程、林草等措施，持续加强太行山革命老区等重点区域水土流失治理，积极探索白洋淀上游生态清洁小流域建设，始终把重点治理与生态保护相结合、规模治理与综合开发相结合，实现了生态改善与美丽宜居两促进，生态环境建设与经济社会发展协调统一的新局面。

据悉，石家庄市水利局 2022 年共争取中央、省级水土保持专项资金 3 790 万元用于国家水土保持重点治理工程，涉及行唐县、平山县、井陉县、灵寿县、元氏县和赞皇县 6 个国家水土保持重点治理县的 9 个小流域综合治理项目，其中生态清洁小流域治理项目 6 个。全市已完成水土流失治理面积 257. 84 平方千米，其中水利部门完成水土流失治理面积 100 平方千米，均已提前高质量完成全年治理任务。另外，石家庄市水利局积极配合省水利厅开展首批水土保持工程建设以奖代补工作，指导行唐县和灵寿县以奖代补工作落地落实，为充分吸引和鼓励民间资本、社会力量共同参与水土流失治理提供了政策支撑。

（三）石家庄市水资源管理对策

1. 加强水网体系建设，合理配置水资源

要实现石家庄市水资源的合理配置，首先应解决石家庄市水源地分布不均衡问题。因此，加强水网体系建设，实现水源地之间互联互通就显得尤为重要。编制石家庄市水网规划，充分发挥南水北调工程效益，实现石家庄市区域内各水源地全覆盖。其次，水网规划布局要充分立足于防洪抗旱、城市供水以及水生态环境保护骨干体系，以水库、河流为主要框架和节点，构建完善的供水水网体系，并充分发挥

水网在供水及生态方面的效用，提高水资源利用效率，优化配置水资源。

2. 理顺管理体制，推动一体化治理格局

推动水资源一体化治理，实现“一龙治水”是未来水资源管理的趋势。要推动水资源管理一体化，先要理顺当前石家庄市水利部门管理体制，根据实际情况开展水资源一体化管理改革。首先，要加强水资源管理体制建设，设置水资源一体化的管理部门，明确该管理部门职责，理顺建设、环保以及水利管理部门之间的关系，建立高效、统一的体制机制；其次，积极创新水资源管理制度，充分发挥各相关主体的优势，构建以政府部门为主，市场和社会积极参与的水资源管理体制；最后，着力推进水资源管理法治化发展，完善地方性水资源管理制度，修正或删除不合理的政策条件，制定统一的配套制度，为水利执法提供法律依据。

3. 加强节水型社会建设，加大水资源保护力度

石家庄市节水工作可从以下几方面着手。一是农业用水方面，适当调整农业种植结构，采取喷灌、滴灌等灌溉方式，降低农业用水量，提高农业用水效率。二是工业用水方面，调整工业布局，对高耗水企业实施计划用水，引进低耗能技术，提高企业用水效率，大力发展循环经济，重视工业用水重复利用。三是生活用水方面，首先改造供水管网，减少管网漏水量，其次大力推广节水技术和节水器具，普及节水知识，最后兴修雨水收集工程，提高雨水利用率。四是环境保护方面，强化水源地管理，制定水污染事件应急预案，完善地下水预警制度，建立相应的响应机制。

4. 重视水利科技，加强水利信息化建设

首先，要完善地下水信息监控系统，建设地下水信息监控体系，增多地下水信息监测点数量，实现对石家庄市地下水信息的实时监控。其次，建立健全水质监控系统，定期监测石家庄市各水源地水质，实时更新石家庄市水资源水质信息。最后，完善石家庄市水资源信息综合管理系统，实现覆盖全域范围内的水资源控制要素的实时监

控，推动石家庄市水资源工作有序开展，提高石家庄市水资源综合管理水平。

第四节　增加绿色优质农产品供给

2021年3月，农业农村部印发《农业生产“三品一标”提升行动实施方案》。为贯彻落实中央一号文件决策部署，实施农业品种培优、品质提升、品牌打造和标准化生产提升行动，农业农村部分行业分领域制定了“3+3”专项实施方案。在《种植业“三品一标”提升行动实施方案（2022—2025年）》中，明确要优化栽培管理措施，推广一批绿色高质高效生产技术模式，科学统筹协调产量、质量关系，要优化肥水管理、推广绿色防控、完善质量追溯。到2025年，种植业“三品一标”基地化肥、化学农药施用量分别减少10%以上，节水10%以上，全面实行产品质量追溯。其中，在优化肥水管理方面，大力推进测土配方施肥、有机肥替代化肥、水肥一体化、绿肥种植等关键技术，优化施肥结构和灌溉方式，提高养分和水分利用率。在推广绿色防控方面，大力推广生物防治、生态控制、物理防治、高效低风险农药等绿色防治技术，推行专业化统防统治，推进化学农药减量化。在完善质量追溯方面，利用现代信息技术和大数据平台，加强生产过程、收获仓储和运输加工质量监测，推行产地溯源二维码等标识管理，做好源头把控、全程监控。根据方案，各级农业农村部门将加强统筹协调，健全工作机制，务实推动各项任务落实。发挥政策指挥棒作用，引导资金、人才、技术等资源要素向重点行业、重点区域、重点领域集聚。我国加快农业绿色发展绿色优质农产品供给持续增加。

一、推进标准化生产基地建设，提高农业供给质量

推行按标生产，加强产地环境治理和生产源头管控，不断提高农业标准化水平和绿色安全优质农产品供给能力。

转变发展理念。在保障国家战略资源供给基础上，提出发展“城市安全食品供给”板块。把城市安全食品供应作为主业板块，既彰显了农业国家队的责任，又是企业市场化发展的需要。编制了蔗糖、粮油、畜禽、乳品、果蔬等发展规划，在基地建设、绿色发展、质量管控、科技支撑、品牌打造、市场拓展等方面进行了统筹安排。建立健全覆盖各产业、涵盖产加储运销全过程的农业标准体系，明确了目标任务、推进路径和责任分工突出优质安全绿色导向。

二、优化产地生态环境

一是坚持绿色生态导向，按照农业高质量发展要求，坚持油茶生态种植模式；推广果沼畜、菜沼畜水肥一体化综合种养生产模式，推动种养结合循环发展；开展耕地土壤环境质量监测和类别划分，在建立有机肥厂的基础上，建立起较健全的测土、配方、产肥、供肥和施肥体系，确保“第一车间”源头安全；扩大轮作休耕制度及土地治理规模，不断提升耕地质量。二是推进农业标准化。建设一批农业标准示范园（区、场），对主产业发展起到了良好的示范带动作用。推动优质水果种植基地建设，抓好农产品质量转型升级，对种植的农产品全面实施统一规划、统一品种、统一技术规程、统一投入品、统一包装认证、统一品牌和销售管理模式。

三、加强质量安全监管

农产品种类的不断丰富，使人们日常的饮食也变得多样化，但同时农产品的质量安全也是人们担心的，对身体健康有直接的影响。因此，加强农产品的安全监管质量，确保农产品的质量合格，才能够有助于提升人们的健康水平。

（一）农产品质量安全监管的重要作用

随着人们生活水平的提高，农业的发展也越来越好，农产品的种类逐渐丰富，这也就使人们在生活中能够吃到各种各样的农产品，农民通过种植农产品进行销售，也改善了经济条件。但是农产品作为食用品，其质量安全是非常重要的，保证农产品的健康安全，才能够使人们吃得放心，因此，农产品的质量安全监管就起到重要的作用。农产品在种植过程中，需要用到农药或化肥来保证其生长的良好态势，但是，农药残留会给人们的健康带来不利影响，因此需要通过科学的检测确定农产品的质量，只有检测合格的农产品才能够让人们吃得放心，不会影响人们的身体健康。而且经过质量安全检测，农产品也能够有更好的销路，可以给农民带来更多的经济收入，推动农业的良好发展。

（二）农产品安全监管质量的提高措施

当前在人们越来越重视食品安全的情况下，加强农产品的安全监管质量刻不容缓，保证农产品的质量安全，才能够使人们的生活更加健康，使农产品市场能够可持续发展。因此，应结合实际情况，切实提高农产品安全监管质量。

1. 从安全生产观念入手，加强观念建设

农产品安全监管质量的有效提高，首先要从生产观念方面着手，加强安全生产观念建设。农产品的生产经营大都是以家庭个户为单位，受传统思想的影响，很难实现规模化的经营，而且现代化的种植生产技术掌握不足，往往都是通过经验积累，缺乏科学指导。为了能够达到增产的目的，过度使用催熟剂、膨大剂、染色剂等，而且农产品种植维护的过程中，过多依赖杀虫剂、灭草剂、化肥等，使得农产品含有过多的农药残留，不利于人们的身体健康，同时也危害环境。因此，提高农产品安全监管质量，要从安全生产观念建设方面进行强化，加强环保宣传。其次可以通过农技推广人员培训农产品的科学种植方法，定期开展农产品种植经验交流会，利用宣传册、宣传报等大力推广现代化的农业生产技术。也可以派技术人员下基层，对农产品种植技术、农药危害、化肥、农药等的正确用量进行实地授课，让农产品种植户可以改变传统的种植观念，结合环境保护，树立科学发展观，科学地种植农产品，让农产品在种植、加工、销售等过程中都可以放心地接受质量安全检测，确保农

产品的质量安全。

2. 从标准化生产切入，加强全过程监管

农产品的分散生产经营给质量安全监管工作带来较大的困难，因此，要从规模化生产经营方面切入，积极建设农产品示范基地，在农产品的规模化种植、加工、销售等方面加大政策的优惠，推动农产品的标准化生产以及集中式生产，使安全监管能够更加便利。另外，要实现对农产品的全面监管，不仅要针对农产品的成品进行质量安全监管，还要从农产品的生产源头，也就是土壤的成分检测开始，对农产品种植的土壤进行定期成分检测，检验土壤的生产能力、土地硬化程度、土壤有害物质组成等，及时改良土壤，对于有害物质超标的土地要严令禁止种植农产品。农产品在培育、加工、销售等环节要全面监管质量安全，进行严格检测，符合质量标准的才能够进入市场。还要加强市场农产品交易的安全监督，安排监督管理人员对农产品的质量进行抽检，规范农产品交易市场，确保农产品的质量安全。

3. 对农产品生产经营不合格者进行严格处罚

农产品安全监管质量的提高，还要加强严厉处罚，对农产品生产经营不合格者利用强制手段进行处罚，规范农产品交易市场。对化肥、农药等的使用进行统一管理，做好登记，对于超标、违规的产品以及能够使用的种类、用量等进行明确的规定。可以建立实名购买机制，登记在册，并通过信息技术进行后续跟踪反馈。加大对违规药品使用的检查力度，对严重危害人们身体健康的农药进行严格监管。另外，对农产品生产、加工以及销售等环节中有违规使用高危害药品的经营者或者是没有经过正规的检验检疫就进行销售的经营者进行严格处罚，进一步规范农产品市场环境，使农产品安全监管质量得到有效的提高。

（三）对农产品标准体系进行完善建设

针对农产品的质量安全监管标准中有疑义、不明确的地方进行及时更改和完善，结合农产品市场的实际情况以及监管的现状，对没有归入安全监管体系的农产品进行补充，并完善安全监管的标准建设。

对安全监管人员的社会责任感以及综合素质进行有效提升，以使其在进行日常安全监管过程中能够保证公平、严格，这样安全监管的质量才能得到有效提高。另外，加强对农产品安全监管的设施建设，建立农产品定点检测站，对农产品的生产技术进行宣传，把好区域农产品的质量安全关，积极鼓励农业技术研发，对化肥、农药等的替代品进行研究，建立安全监管部门与农业技术推广部门的联动机制，对农产品的质量安全监管从根源上做起，使其从种植生产到最终销售的全过程都能够在有效的监管下进行，确保农产品的质量安全。

总而言之，农业发展作为社会经济进步的重要推动力，对农产品的质量安全监管工作要重点关注，安全监管部门只有从农产品生产经营的全过程着手，一方面加强监管的体系建设，另一方面提高农产品生产质量安全，全面做好安全监管工作，才能更好的保证农产品的质量。

四、强化区域公共品牌创建

在乡村振兴和农业供给侧结构性改革等一系列战略的推动下，对区域农业发展提出了更高要求。我国作为农业大国，不同区域间农业资源的差异较大，因此特色农产品种类较多，形成了独具特色的农产品品牌。区域公共品牌也被称为公用品牌，主要是指在某个特定区域内，能够被相关机构、企业、农户等共同享有的品牌，其具有较高的市场声誉和生产能力。加快推进农产品区域公共品牌建设具有重要意义，是实现乡村振兴和加快推进农业供给侧结构性改革以及推进农业转型升级的重要举措。但是农产品区域公共品牌的创建和维护还存在很多问题，需要根据区域特色采取有效措施进行全面推进。

（一）农产品区域公共品牌创建与维护的重要意义

1. 有助于加快乡村振兴

长期以来，农村地区经济发展相对落后，一直是我国经济社会发展的短板。我国农村地区分布广泛、农业生产方式落后，农民的收入水平普遍较低。近年来，我国不断实施乡村振兴战略，以全面促进农村经济的发展。农产品区域公共品牌的创建和维护可以提升农产品的市场知名度和品牌价值，进而提升农产品的市场竞争力，也使得农民收入大大增加，为农村经济社会发展注入新鲜的活力，促进农业产业的发展，进而有助于加快实现乡村振兴战略目标。

2. 有助于推进农业供给侧结构性改革

近年来，我国在供给侧结构性改革方面取得了重要成就，使得经济新常态下各行业呈现出高质量发展态势。随着人们收入水平和生活水平的不断提升，越来越倾向于购买富有地方特色的、绿色健康的农产品。农产品区域公共品牌的创建和维护可以使得广大农民能够根据消费者的喜好调整和优化产业结构，并通过集约化和规模化等方式提升区域特色农产品质量，有效助推农业供给侧结构性改革，进而可以全面促进新时期“三农”事业的发展。

3. 有助于加快农业转型升级

随着我国经济社会的不断发展，加快实现农业现代化成为全面建成小康社会和巩固脱贫攻坚成果的关键。现代农业的发展必须具有强大的品牌和鲜明的特色作为基础。因此，各地区通过对自然资源优势的充分挖掘和利用，打造出农产品区域公共品牌，并对其进行有效维护，进而可以为区域农业发展提供新的思路和方向，有助于形成新的农业发展格局，以此推进农业转型升级。

（二）农产品区域公共品牌创建与维护的对策建议

1. 强化区域公共品牌与企业品牌的合作

在农产品区域品牌创建和维护过程中，要正确处理好子母品牌之间的关系，促进两者的共同发展。母品牌就是农产品区域公共品牌，子品牌就是区域内不同农产品的品牌，实现两者的合作协调发展和共赢成为推进农产品区域公共品牌创建和维护的关键所在。在农产品区域公共品牌创建过程中，必须充分发挥行业协会、企业和政府等方面的作用，完善公共品牌的运行机制，实现对区域内特色资源的有效配置，强化区域公共品牌的叠加效应。各地区要深入挖掘区域公共品牌的价值，促使农产品经营企业和个人能够深入挖掘各类农产品的价值内涵，以此培育出区域内更具特色、高品质和高价值的品牌。在公共品牌与企业品牌合作发展过程中，要坚持以农产品区域公共品牌为基础，打造各具特色的企业品牌，以此实现农产品区域公共品牌的最大价值。

2. 构建完善的品牌营销推广体系

在农产品区域公共品牌创建和维护过程中，必须通过线上线下多种方式进行营销推广，以提升其市场知名度和品牌内涵，全面展示特色品牌形象，提升其影响力。首先，要借助农产品展销会等促销平台，加强对农产品区域公共品牌的宣传，提升其影响力。其次，要紧跟时代步伐，大力发展农产品电子商务，还要通过实施农超对接、农企对接、农校对接、农社对接等营销模式，使得高标准、高质量的农产品能够直接进入商超，并通过电子商务进行网络销售。最后，要充分借助各类新闻媒体，如传统媒体和新兴媒体等方式，对农产品区域公共品牌进行宣传和推介，注重对区域农业优势资源和特色资源的宣传，倡导新的农产品消费文化，为农产品区域公共品牌的创建和维护营造良好的氛围。

3. 建立健全农产品标准化体系

进一步完善农产品标准化体系，全面提升农产品质量是创建和维护农产品区域公共品牌的关键。首先，要根据区域农业产业发展水平，对农业生产技术规范等内容进行修正和完善，建立健全农业标准化体系，尤其是要完善农产品质量控制体系。其次，要逐步推进农产品标准化生产基地建设，要加强对农民的宣传教育，使其能够按照标准化进行优质农作物的种植，实现区域农业的规模化生产经营和生产的标准化，优化区域农业发展布局，加快产业化发展步伐。最后，要强化对农产品的不定期抽检并建立质量安全溯源信息平台，通过大数据、人工智能等手段实现全国溯源平台建设，以连接各区域农产品溯源信息平台，加大对农产品检测结果的通报和惩处力度，为农产品区域公共品牌建设提供必要的保障。

4. 强化政府政策支持和引导

如前所述，在农产品区域公共品牌创建和维护过程中，必须要强化政府政策的支持和引导。各级政府部门必须进一步提升对农业经济发展的重视程度，清晰认识到农产品区域公共品牌创建和维护的重要意义，进而将其视为推进农业产业结构优化、农民增收和促进农业经济发展的重要举措。地方政府部门必须要强化农产品区域公共品牌创建和维护的顶层设计，根据区域农业资源及特色优势，对农产品区域公共品牌创建和维护各环节进行相应的政策支持，如强化财政资金支持、税收优惠等，通过科学引导来加快区域内农业资源的整合与高效利用。同时，要促使区域各级政府部门牵头创建特色农产品生产示范区，强化招商引资能力，强化政府、企业、行业协会以及农民等多方合作，为农产品区域公共品牌创建和维护提供必要的政策保障。

随着我国农业经济的不断发展，农产品区域公共品牌创建和维护工作逐渐被重视起来，各地区均取得了一定进展。但是由于各地区农业资源差距较大，对农产品区域公共品牌创建和维护提出了各自的要求。所以在进行农产品区域公共品牌创建和维护方面必须坚持以差异化的区域特色为基础，从强化区域公共品牌与企业品牌的合作、构建完善的品牌营销推广体系、建立健全农产品标准化体系、强化政府政策的支持和引导等方面出发，采取有效措施以推进农产品区域公共品牌的创建与维护，以提升区域农产品的综合竞争优势。

第六章　培育壮大乡村产业，拓宽农民增收致富渠道

第一节　大力发展乡村特色产业

突出“土特产”要求，实施全国乡村重点产业提升行动，建立完善工作推进体系，加快农业全链条升级。

一、做强重点产业

（一）发挥自身优势，合理规划

1. 发挥传统产业优势

按照国家政策导向、市场行情和农产品加工企业的需要，农业必须重点抓好粮食、棉花、油菜、蔬菜、生猪、水产六大优势产业的提档升级，不断推进产业集中、规模做大和经营集约，促进农垦农业向农产品加工业的原料生产基地转化。

2. 实施“工业兴垦”战略，加快农场工业发展

立足于强化特色优势和提高产业竞争力，农场要利用现有资源，主攻棉纺、食品、饲料、医药支柱产业，大力发展园区经济，突出集群发展、规模发展。

3. 积极发展服务业，加快农场城镇化步伐

在改造提升商贸、餐饮、客运等传统服务业的同时，以市场化、产业化、社会化为方向，突出旅游业和物流业两大重点，抓好中介服务组织的培育。利用农场的区位和自然资源优势，开发农业园区、农场风情风貌等区域旅游资源，加快旅游事业的发展。

（二）落实关键措施，做大做强农场支柱产业

1. 加强规划引导

被纳入到重点产业发展布局规划的农场，要迅速组织力量对重点产业进行调查摸底，查清重点产业的类别、区位、面积、产量、在农场经济和职工收入中的地位、发展潜力等情况，建立相关数据库。并在此基础上，制订完善农场重点产业发展规划，特别是要坚持用规划引导发展。

2. 推进土地流转

实行“两田制”的农场，责任田面积要保持相对稳定，原则上不再新增加面积。要积极探索新的条件下土地规模经营问题。坚持依法、有偿、自愿原则，规范推进责任田流转；创造条件集并经营田，集并后的经营田要向重点产业倾斜。要鼓励农场、场办企业和职工通过土地参股的办法，参与重点产业建设；支持农场在土地占补平衡的前提下，适当集中土地发展工业园区。

3. 实施种子（种苗）工程

要大力推进种子产业化经营，走育、繁、加、推一体化发展路子。有条件的农场要紧扣重点产业，积极开展育种攻关，培育有自主知识产权的品种。暂不具备育种条件的农场，要加强与种子企业、大专院校合作，建基地，搞良繁，扩大种子生产规模。要着力推动垦区种子龙头加工企业“走出去”，以资产为纽带，进行低成本扩张，增强自身实力。要规范种子生产行为，加强种子质量管理，树立农垦种子品牌形象。

4. 加快科技推广

要建立和完善农场农技服务体系，用好转移支付资金，提高农场技术服务能力。要加快建立以企业为主体、产学研有机结合的技术创新体系，为企业产品的更新换代和生产技术水平上台阶提供技术保障和技术储备。要因地制宜开展科技攻关活动。要千方百计引进人才、留住人才，加大人才培训力度，加强人才队伍建设。

5. 打造精品名牌

要增强企业品牌意识，鼓励、引导更多的企业或产品提高科技含

量，强化质量管理，争创国家级，省级精品名牌。要充分运用现代资本运作、市场营销、产品开发、技术创新等手段，加快培育一批具有自主知识产权、市场占有率高、竞争力强的名牌产品。要打破场域概念，促进企业与国内外大公司、大企业、大品牌联合联营，借鸡生蛋，借梯上楼。要加大精品名牌扶持力度，对已获得国家或省级名牌的企业或产品进行贷款贴息或以奖代补，支持其通过品牌进行兼并、合资，实现战略重组，扩张市场。

6. 抓好园区建设

要把建设工业园区作为推进农场工业化、城镇化进程的一项重要举措，依托农场场部加快培育和发展园区经济。要统筹工业园区建设、农场新农村建设和小城镇建设，“三建”齐抓、科学规划、合理布局、协同推进。

二、做精特色产业

产业兴则经济兴，产业强则经济强。大力推动优势特色产业高质量发展，是事关乡村振兴全局的重要工作。要坚定不移地围绕做精、做大、做强特色产业这一关键，建立健全促进特色产业发展的保障机制，积极打造有影响力的特色产业发展格局，以此让乡村振兴工作实现新发展、新突破、新高度。

聚焦生产端，注重标准化建设。不管是哪一种产业，发展要可持续，就必须在遵循市场规律的基础上，推动生产标准与行业先进水平对接。而对于农村产业发展来说，起步晚、底子薄、基础差是相对普遍的短板。借助乡村振兴的东风，牢固树立市场先进标准意识，持续强化生产端口的标准化建设，产业才能不断提质增效。产品质量有保障，产业发展才会有活力、有竞争力，而这恰恰是培育壮大特色优势产业的基础性工作。

聚焦产品端，抓实品牌化建设。产业有特色，本身就是一种发展优势，如何把资源优势转化为发展优势，产品多样化并不是终极捷径。市场反复证明，品牌化是必须坚持的发展路径。对此，各地需要在产业特色上突出原产地特点，彰显高品质内涵，赋予产品更深层的内容。如此才能让特色产业的驱动力变得更强大。

聚焦服务端，聚力特色化建设。人们常说，产品和产业要行稳致远，一半靠质量，一半靠服务。很明显，在大力推动优势特色产业高质量发展的过程中，各地需坚持不懈地在提升服务质量上狠下功夫，这也是市场主体比较关注的突出问题。事实上，服务也是生产力，其内部的各个要素也需要持续优化升级。重视服务质量，关乎着产业发展未来。

第二节　做大做强农产品加工流通业，提升加工水平

一、农产品加工业助推乡村振兴

全面推进乡村振兴，加快农业农村现代化是我国“十四五”规划和2035年远景目标。但当前，要想实现农业农村发展、产业兴旺、农民脱贫还面临一些困境和挑战。农产品加工业作为我国经济发展的战略性支柱产业、农业现代化建设重要引擎，在新时代下有必要系统和深入地探讨农产品加工业如何带动产业发展、推动三产融合，实现农业增效、农民增收。

（一）农产品加工业助推产业发展乡村振兴

1. 农产品加工业是实现承“一产”启“三产”、加快农业现代化的引擎

破解农业大市是工业弱市、财政穷市这一谜团，提高二三产业产值是关键，即快速提高我国农业现代化步伐，与其他三化同步发展。在农产品加工业的发展下，逐渐形成农业“接二连三”现代化农业发展体系，就是以一产为基础开发二产，二产带动一产，连接三产。农产品加工业属于第二产业，对实现农业与工业及服务业的融合，推动农产品的产业链与价值链形成，促进农业现代化体系的构建具有重要意义。

2. 农产品加工业是实现农民富足、农村经济增长的有效途径

农产品加工业发展从根本上优化农业产业结构、促进农业发展方式转变、加速产业升级、提高经济效益。市场上过剩产品通过初深加工过程，不仅有利于市场供需匹配，提高农产品资源的综合利用率和附加值，延长产业链和价值链，而且推动农产品就地就近转化增值，提高农民收入和经济效益。同时，农产品加工业的发展对促进农村经济整体发展具有重要的推动作用。研究表明，加工业有助于城镇化、工业集聚与县域工业增长，加工业集聚对县域经济增长表现出了显著的正向效应。

3. 农产品加工业是建设美丽乡村的重要抓手

农产品加工业可以解决当前农村中剩余劳动力就业问题，推动农村扶贫工作的开展。同时，农产品加工业的不断壮大，通过吸引资本回乡、人才返乡、科技下乡，激发农村发展活力，有助于解决农民老龄化、农村空心化、农业边缘化问题，发展壮大乡村产业，拓宽农民增收渠道，建设带活“乡村美丽经济”。

（二）以农产品加工业带动乡村振兴

2050 年，乡村将实现全面振兴，农业强、农村美、农民富全面实现。面对乡村振兴战略这一长期艰巨的任务，农产品加工业未来如何带动产业发展，实现乡村振兴需要宏观性、战略性的思考。

1. 从产业角度构建顶层设计，强化规划引领式发展

农产品加工业在各产业之间发展不均衡，过度加工和加工不足同时存在。粮食产业的过度精加工，导致粮食原料的过量损耗和营养流失，而蔬菜、畜禽产品等加工工艺落后，综合利用水平不足。随着消费者营养健康意识的增强，天然、绿色、营养、健康的农产品更加受青睐。农产品加工业不能盲目加工、重复加工，忽视营养科学和造成原料浪费。对于农产品加工业的纵深发展，应加强从产业发展角度构建顶层设计，强化规划引领式发展。根据农业产业链条，分析各环节初加工、精深加工存在的困难，制定确切的加工规划图谱，形成与优势农产品产业带相适应的区域加工布局。

2. 由产品—产业—集群逐层递进式发展

由地区特色产品到形成特定产业，再到园区、集群的逐层递进式发展。从“一村一品”“一县一特”的特色产品的“点”，到形成“一乡一业”、产业强镇等特色产业的“线”，再到形成加工产业园、加工基地、产业集群的“面”。串珠成线、连块成带、集群成链。由点及线到面，产业形态由“小特产”向“大产业”升级，由单产业向“接二连三”产业链聚合，由乡村、县镇到省、自治区、直辖市，自下至上逐层递进，形成由农产品加工业带动的乡村产业融合发展模式。

3. 由农产品加工东强西弱向三区互补布局发展

农产品加工业具有显著地理集聚特征，且地理集聚对农产品加工业成长有显著影响。从地理空间分布看，农产品加工业区域分布不均衡，各行业地理集聚主要在东部地区。未来农产品加工业布局将打破东强西弱的局势，逐渐向产区、销区和园区集群地集中。在产区，依托生产和地理优势，发展农产品初加工，建设加工专用原料基地，改变加工在城市、原料在乡村的状况，促进农产品就地增值，带动农民就近就业、产村融合。在销区，依托成熟的交通物流，减少运输成本，提高丰富加工产品种类，培育加工新业态、新模式，满足广大大中城市消费需求。农产品加工园区和产业集群是农产品加工深度和产业链的延伸，是产业结构调整和优化升级，更好地构建生产加工—仓储—物流相互促进的全产业链条。

4. 以国内大循环为主体的内外双循环相互促进发展

必须以满足国内需求作为农产品加工业发展的出发点和落脚点，了解国内市场对农产品初加工、精深加工产品的需求和变化，制定适合我国消费特点的加工产品标准，生产适合国内精分市场的多类型加工产品，更多依靠构建完善的内需体系促进农产品加工业经济增长。同时不可忽视的是，受近年来世界经济衰退、需求市场萎缩、经贸摩擦增加，以及突如其来的新冠疫情等多重因素影响，国际局势呈现复杂多变格局。我国通过进一步嵌入全球产业链，融入世界产业分工体系，加强国际大循环，带动本国产业结构的升级和效率提升，从而提高我国农产品加工产业供应链的坚韧性、稳定性和安全性。

二、农产品流通业

（一）基于全产业链模式的农产品流通业转型升级

1. 全产业链的内涵

全产业链注重以消费为导向，从产业链的源头出发，通过一条长链贯通原材料获取、产品生产和加工、物流运输、产品营销、市场交易等重要环节，形成覆盖从种植养殖、产品初加工、深加工、仓储运输、市场交易等诸多环节的全流通体系。可以说，通过全产业链引导，可以促进产品进一步增值，推动产业链价值不断提升，从而促进产业转型升级。关于全产业链模式的内涵，本节做以下阐释。

全产业链模式的核心在于整条产业链的贯通。全产业链就是在提升劳动生产率的基础上，实现产业链环节有新的整合，它比一般的产业链拥有更为深入的纵向一体化，是一条从产业链源头一直通畅延伸到消费终端的相对完整的产业链体系。全产业链之所以“全”，主要体现在产品流通过程的全要素、全过程、全环节、全循环。本节以流通为视角，生产就是流通中的生产，交易则是流通中的交易，消费也是流通中的消费，全产业链中的流通以消费者的需求为起点和导向。

全产业链的构建主体一般是具有先进技术水平、现代管理理念、高水平市场营销能力的具有雄厚资本的大型主体，主要是行业内的龙头企业、大型的专业合作社等核心组织。这一核心主体对整个全产业链具有充分的掌控力。

全产业链的“链”方式相对独特，它不要求一个主体具备链上各个环节，但要求其能控制各个环节。各环节主体通过全产业链进行“链接”，以降低交易成本、提高经营效率、缓解经营风险为目的。

2. 全产业链模式促进农产品流通业转型升级的机理

产业的转型升级是由低效率、低附加值转向高效率、高附加值的演变过程，在这个过程中新兴产业不断涌现，旧产业不断消亡或更新。这个过程实际上也可以理解为一条产业链的更新过程。农产品流通业的转型升级可以从农产品流通产业链的演变来考察，具体从产品链、组织链、技术链和价值链等层面分析。

全产业链模式是我国农业现代化的基本特征，是我国农业全面转型升级的重要方式。农产品全产业链模式就是通过行业龙头企业不断进行资源整合与延链补链，形成一体化的农产品流通体系，促进农产品不断增值，推动农产品生产与市场密切衔接，使农产品行业全面转型升级。根据本节的农产品流通产业链思路框架，农产品全产业链模式通过促进农产品流通的“四链”高级化，推动农产品流通业转型升级。

3. 全产业链模式下我国农产品流通业转型升级的策略

根据上述分析可以明显地看出，全产业链模式有利于推动农产品产品链、组织链、技术链和价值链“四链”的高级化，从而推动农产品流通业全面转型升级。现阶段我国农产品流通业发展滞后，主要表现在农产品产业链之间衔接不畅、农产品流通组织的规模化程度偏低、农产品的增值能力偏弱等方面。实施农产品全产业链模式，可以从农产品产业链的源头出发，通过产业链的衔接，实现农产品从农田到餐桌的全过程贯穿。由此可见，全产业链模式是当前我国农产品流通业转型升级的必然途径。要保证全产业链模式顺利实施，政府层面就必须联合市场共同引导，促进市场机制与政策机制相互融合、共同作用。为此，本节提出全产业链模式下我国农产品流通业转型升级的政策建议。

（1）加强对农产品流通的政策扶持。推动农产品流通业向好向优发展政府相关部门应联合智囊团队，加强对农产品流通业演变规律的研讨，从而制定更加符合农产品流通业发展的规划和政策意见，从政策层面引领农产品流通业健康发展。为了确保我国农产品流通业发展有足够的要素保障，我国各级政府应积极制定出台在税收、信贷、土地、人才等要素方面的惠农政策，提高对农产品流通业发展的要素支撑。同时，也借助惠农政策，吸引更多社会资本参与农产品流通业建设。为了推动农产品流通业全面升级，政府应积极引导建立产学研合作平台，建立和完善产学研合作机制，同时积极设立政府性农产品产业发展基金，加大对农产品龙头企业科研、农业产业化等方面的支持。我国部分地区如江苏、山东、浙江等地农产品流通业发展较为超前，现正处于全面提升阶段，所以当地政府更应该加大对农产品生产、加工、流通过程中科研创新的支持力度，加速推进产业转型升级，进一步实现赶超发达国家的发展战略。

（2）提升农产品流通业龙头企业的全产业链，促进农产品流通业全面转型。强化对农产品流通组织和企业的支持，积极培育流通龙头企业，形成一批组织创新能力突出、品牌影响力较大、处于农产品流通领域的领先地位的农产品流通龙头企业，打造成为我国农产品流通业发展的“先锋军”。通过政策指引，鼓励本土有竞争实力的流通龙头企业进一步优化产业链布局，推动形成上中下游紧密联系的全产业链式的农产品流通体系。提高对农产品流通龙头企业和大型流通组织在自主创新方面的支持力度，积极鼓励企业推广新技术应用，改善在农产品贮藏、加工、物流等方面的冷链技术及设备条件，促进农产品流通经营规模化、标准化、品牌化、高效化。

（3）促进农产品流通基础设施提档进位，助推农产品流通业跨越式发展。农产品流通基础设施是农产品流通主体生存和发展壮大的重要物质保障，也是整个农产品流通链得以发展和提升的重要基础前提。农产品流通基础设施主要包括铁路、公路、水路，农产品仓储设施、邮政通信设施、农产品市场交易设施等生产性基础设施；商务服务设施、人才教育培训机构、金融机构等公共基础设施，以及农产品流通业发展相关的产业政策、管理机制等制度性基础设施。农产品流通基础设施中的绝大部分都属于公益性设施，因此政府部门应作为投资主体，积极主动加大投资力度。一方面应加大对道路、仓储、交易设施等硬件设施的投资，另一方面还应加大制度建设的投入。应严格确立目标，将农产品流通基础设施建设充分纳入到城乡基础设施建设，通过城乡共建全面推动农产品流通基础设施提档进位，助推我国农产品流通业实现跨越式发展。

（4）提升农产品流通业管理水平，构建农产品流通业健康体制。行业管理就是按照一定的行业规划、行业组织特征、行业协调机制而进行的一种产业管理，当前我国农产品流通业都缺乏统一的行业规划和统筹性行业管理，尚处于条块呈现明显分割的部门化组织管理体制，其中设计了发改委、农业、工商、交通等众多部门，关系十分复杂。长此以往的这种部门化管理，直接割裂了农产品流通业各主体之间的联系，制约了全国性统一农产品流通市场的形成。为此，我国应坚持市场主体、政府引导，弱化政府行政管理，强化市场参与管理，构建统一、高效的农产品流通产业管理体制，满足农产品流通业发展需要。我国政府应设立统一的农产品流通行业管理机构，对农产品流通过程中的各种市场行为进行有效管理。

同时，政府也应积极实施相关的产业组织政策、产业技术政策等，引导农产品流通行业管理组织有序发展。

（二）以平台经济建设推动农产品流通业高质量发展

所谓平台经济是利用互联网、物联网、大数据、云计算等现代信息技术，围绕集聚资源、便利交易、提升效率构建平台产业生态，推动商品生产、流通以及配套服务高效融合、创新发展的新型经济形态。相应地，我们把专门服务于农产品交易的平台经济称为农产品平台经济。与传统农产品流通模式相比，农产品平台经济有自由连接以及自组织能力，其在农产品交易的规模、范围、信息、成本、品牌营销、差异化策略等方面具有明显的竞争优势。

平台经济的发展为农产品流通提供了富有想象力的创新空间与发展前景，这是因为平台经济聚集了各类先进的生产要素，是一种新型的商业模式，它可以从流通组织、技术、渠道、业态等多个方面促进农产品流通创新。

1. 促进商业模式创新

平台经济是互联网思维主导下商业模式的革新，既满足以客户为中心的价值创造，也满足以生产者为中心的价值创造。农产品平台经济不仅惠及农户，也为城市消费者带来了丰富、安全、便利、实惠或高品质的农产品。

农产品平台经济在实际运行过程中主要借助了4种平台电商模式。

第一，将经营范围扩大到农产品领域的综合平台电商模式，如淘宝、天猫、京东等。

第二，农产品批发市场形成的农产品交易的撮合平台电商模式，如一亩田、惠农网等。

第三，深耕农产品流通产业链的垂直平台电商模式，如中粮我买网、每日优鲜、天天果园、易果生鲜、顺风优选、沱沱工社、飞牛网、都市菜园等。

第四，利用微信、微博、QQ、抖音等进行粉丝营销的社交平台电商模式。除了撮合平台是一个批发性的服务平台，不直接配送到消费者外，其他3种模式独立或组合运行形成新的农产品流通生态，大大提高了农产品流通效率。

2. 促进流通组织创新

平台经济有利于优化流通组织结构，促进产销一体化。从事农产品生产、加工或流通的龙头企业，利用网络平台与上游厂商或农户签订购买合同，同时又可以与终端客户签订销售合同，省去烦琐的中间流转环节，有利于农产品产销一体化组织的发展，提高流通效率。平台经济可以将原先分散化的农户组织起来，以专业合作社的方式对接网络平台，进行统一的农产品销售；也可以直接将农户引入平台交易，让农户直接面对终端消费者。无论哪种方式，网络平台都可能促进流通组织变革。农户+专业合作社+网络平台+终端客户的流通模式，农户的组织化程度显著提高；而农户+网络平台+终端客户的流通模式，看起来农户还是分散化经营，但实质上通过平台经济的自组织能力，实现了小微个体在平台上共享，实现自我组织、自主发展，成为组织边界开放化、组织过程自主化的联合生命体。

3. 促进流通技术创新

农产品网络平台交易采取O2O，即线上签单+线下物流的形式，这就需要网络平台有强大的生鲜物流能力，包括冷库、保鲜运输车、物联网技术以及快速通达的物流技术手段。这是因为生鲜食品如肉类、蔬菜、水果都容易腐败变质，易在运输过程中造成污染与损耗，对运输的时间、温度、湿度等物理指标要求很高。从目前来看，许多快递公司不具备生鲜农产品的储存与运输能力，必须投资相关的冷链运输设施，才有可能形成快速投送能力。网络平台交易客观上会促进农产品流通技术的升级，以满足消费需求。

第三节　培育新产业新业态，提升乡村休闲旅游业

随着居民收入增加和消费需求升级，现代信息技术快速发展和创新应用，农村改革不断深化和发展活力有效释放，农业农村资源要素的组合利用方式正在发生新的变化，“互联网+”“旅游+”“生态+”深度渗透并融入农业农村发展的各个领域和各个环节，不断催生诸多新产业、新业态和新的经营模式，成为增加农民收入、繁荣农村经济的重要支撑。以产业创新和业态创新培育农业农村经济新的增长点，已成为当前我国深入推进农业供给侧结构性改革的重要内容。

新产业、新业态是现代生产技术及管理要素与传统的农业农村产业体系深度融合和创新的产物，遵循着一二三产融合、产业链延伸、农业多功能拓展的创新路径和生成机理，通过要素聚合、叠加衍生和交互作用生成新的经济形态，创造出新产品、新服务供给和增量效益。从产业融合来看，农业与信息产业、农业与文化产业、农业与旅游业、农业与工业的相互融合，不断创造出多种多样的新产业、新业态。从功能拓展来看，呼应现代人们越来越强烈的“乡愁”情结和对自然生态、田园风光的向往，农业本身正在发挥和创造着越来越多的生态、文化、旅游功能和价值。特别是随着现代信息技术的应用，大数据、云计算、物联网等与农业农村经济活动深度“联姻”，催生了农业农村电子商务，以及电子商务背景下连锁经营、物流配送等新的经营模式，成为引领农村生产生活、服务消费的新动力。新形势下，

应充分发挥农村自然资源、生态环境、民俗文化和特色产业等优势，培育壮大新产业、新业态，为农村经济发展、农业转型升级和农民就业增收注入持久活力。

一、拓展农业多种功能，大力发展乡村休闲旅游产业

乡村休闲旅游以农业生产、农民生活、农村生态等自然和人文客体为基础，依托农村自然生态景观、传统民俗建筑、物质文化遗产、民俗文化活动、特色农业产业、农村手工艺等特色资源，以农村休闲游和农业体验游为基本形式，拓展生成的集旅游观光、休闲度假、养生养老、康体娱乐、文化教育于一体的新兴旅游方式。与其他旅游方式相比，乡村休闲旅游突出乡土、田园、休闲主题，强调亲近自然、体验农业、感受民俗、品味文化，让现代都市的人们感受“乡愁”的幸福和惬意。随着农业生态、旅游价值的不断凸显，以及消费需求多元化、个性化趋势的增强，“农家乐”“休闲农业”“文化农庄”等乡村休闲旅游逐渐成为旅游业发展的一大亮点。

我国很多农村保留着传统特色的村容村貌、具有历史文化底蕴的人文景观、青山绿水的田园风光和新秀奇特的自然风景，应依托农村特有的旅游资源，突出区域特色和资源特色，采取“旅游+”“生态+”等模式，推进农业、林业与旅游、教育、文化、康养等产业深度融合，大力发展休闲度假、旅游观光、养生养老、农耕体验、农业创意、乡村手工艺等产业，使之成为繁荣农村、富裕农民的新产业和新业态。积极发展特色村寨民俗游、现代农业园区游、农家乐等多种旅游形式，将休闲养生、科普教育、康体运动等新元素融入其中，不断丰富乡村旅游业态和旅游产品。要科学规划、设计和建设不同主题的乡村旅游目的地和精品路线，发展富有乡村特色的民宿和养生养老基地。鼓励有条件的地区集中打造一批集休闲养生度假于一体的高水平的“休闲农庄”“文化农庄”“田园农庄”，使之成为具有当地资源优势和民俗文化特色的乡村名片。

二、实施“互联网+”行动计划，加快推进农村电商发展

随着信息技术的发展，电商经济开始广泛扎根于农村，各类农村消费品电商、农业生产资料电商、农产品电商蓬勃发展。农村电商是借助互联网等现代信息技术，通过集约化管理和市场化运作，在网上完成产品、服务的销售、购买和电子支付等业务交易的经济活动。农村电商通过把实体经济与电子商务有机结合，广泛应用到农业、农村工业、商贸流通、金融服务等领域，使实体经济与互联网共同产生叠加效应和聚合效应，引发商业生态的巨大变革，生成“互联网+农业”“互联网+商贸流通”“互联网+金融”“互联网+旅游”等新型业态。农村电商的迅猛发展促使农村商业模式和消费方式发生了深刻变化。一是通过打通“工业品下乡和农产品进城”双向流通渠道，促进农村市场持续升级，推动了加工业、商贸业将生产经营前端延伸到农业农村，这些产业与农业的深度融合，带动了农民创业就业，提高了农村市场活跃度。二是通过“线上销售与线下实体”互动，减少了中间环节、降低了流通成本，极大地刺激了农村消费市场，有效地服务了农村生产经营活动和农民生活。

从当前来看，发展农村电商还需着力加强信息技术、物流体系和配套服务等薄弱环节。一是夯实农村电商发展的技术基础。鼓励阿里巴巴、京东、苏宁易购等电商企业以及邮政储蓄、供销社系统企业等进军农村电商领域；将现代信息技术在农村平台推广，改善农村用户的网络环境。二是完善农村仓储物流配送服务体系。依托农村乡镇客运站点，因地制宜建设具有仓储、分拨、配送等功能的农村综合运输服务站，加强农村电商之间物流配送体系的资源共享。三是建立电商产业园。鼓励地方政府围绕农村电子商务节点，建立县级电商产业园，通过完善人才、技术、政策、资金配套服务，使农村电子商务更好地对接各类产业。四是拓展服务功能，延伸农村电商产业链。立足电商平台线上与线下相结合的优势，推动实体经济与网络经济融合发展，推进传统产业向“微笑曲线”两端延伸，实现从单一网络销售向

综合服务转变。

三、创新产销模式，促进现代食品产业纵深发展

近年来，我国居民收入一直保持较快增长，收入提高带来消费能力的提升和食品消费观念的改变，居民对食品的消费正在从“原料食品”向“加工食品”转变，“基本必需食品”向“功能选择食品”转变，更加注重食品的方便、快捷、功能等附加属性。随着消费结构的升级，以满足不同消费群体多样化营养健康需求为目标的大健康食品产业快速发展，成为食品产业拓展增值的一大亮点。

现代食品产业是现代农业产业链条的深度延伸，它覆盖农业生产、食品加工与制造、食品流通、餐饮服务等相关产业和环节。从整体来看，当前我国食品产业拓展和融合程度依然较低，食品企业向上下游延伸发展依然不足。随着现代营销方式和经营管理模式的创新发展，食品产业的经营组织方式也正在发生新的变化。应适应新时期消费需求趋势，加快食品产业经营业态和营销方式创新，满足居民日益丰富的多元化消费需求。

一是采取现代化经营手段，大力推广“生产基地+中央厨房+餐饮门店”“生产基地+加工企业+商超销售”等产销模式，通过完善物流与服务体系，强化终端保障，实现从产地到超市、从田间到餐桌的“一站式”服务，提高食品生产与流通效率和市场占有率。二是通过提高原料加工深度、增加食品品种和增强食品功能，推出多样化、专业化、个性化的消费产品，开发细分市场、拓展市场深度，扩大食品产业利润空间。三是创新食品销售模式。采取“线上+实体门店”互动方式，通过发展食品连锁经营和升级食品配送服务，扩大终端市场消费群体。

四、生产生活生态融合共生，打造宜居宜业特色村镇

随着城乡一体化发展和新农村建设的加快推进，村庄的传统功能不断拓展，许多乡村已不仅局限于农民居住的空间场所，开始发展成

为“创客”创新创业、城镇居民休闲养生的重要基地。尤其是一些特色村镇的发展，已经形成了集产业链、投资链、服务链、人才链于一体，融现代生产、商贸物流、休闲旅游、教育科技、传统文化、美丽宜居于一身的创新创业空间。

这些特色村镇的创新发展，不仅改善了农村面貌、促进了农民就业增收，而且有效地推进了农村现代化进程。

从建设目标来看，特色村镇是指依托村庄空间地域载体，以特色产业为支撑，以基础设施和公共服务为条件，以生态宜居环境为吸引，具有一定人口和经济规模，功能完善、特色明显的地域单元。特色村镇具有产业“特而强”、功能“聚而合”、形态“小而美”、机制“新而活”的特点，是推动农村经济结构转型和动能转换的新引擎。

我国农村自然地理风貌各异，民俗文化各具特色。应围绕有基础、有特色、有潜力的产业，建设一批农业文化旅游“三位一体”、生产生活生态同步改善、一产二产三产深度融合的特色村镇。围绕具有历史记忆、地域特点、民族风情的村落，着力改善人居环境、优化服务功能，建设“一村一景、一村一韵”的风情魅力村镇，实现村庄风貌、村落文化和村庄经济的同步提升。支持各地加强特色村镇产业支撑、基础设施、公共服务、环境风貌等建设，打造“一村一品”升级版，发展各具特色的专业村。

深化农村改革，激发创新活力，实施特色村镇示范工程，促进要素集聚、产业融合和功能升级，实现农村生产生活生态的互动融合和可持续发展。

第七章　改善乡村基础设施和公共服务，建设美丽乡村

第一节　统筹推进乡村建设，健全推进机制

乡村建设旨在通过完善乡村基础设施和改善农村人居环境，提高农民公共物品可及性，进一步优化农民发展空间，以加快实现共同富裕。围绕巩固脱贫攻坚成果和推进乡村全面振兴两个大局，坚持“系统推进、民生导向、多元共建、建管结合”的乡村建设路径，持续完善乡村基础设施建设、深化农村人居环境整治，农民公共物品可及性不断提高、生活环境持续改善，形成了颇具特色的乡村建设模式。

一、系统推进，将乡村建设融入产业振兴的工作实践中

改善农民发展环境是乡村建设的出发点和落脚点，而实现农民发展，关键在于促进增收致富。为此，将乡村建设融入产业振兴的工作实践中，通过乡村基础设施完善促进农村产业发展，农村产业发展带动乡村基础设施建设。

二、民生导向，致力于完善乡村公共服务设施

兜底保障民生是乡村建设的重要出发点，自乡村建设行动实施以来，以民生为导向，集中资源完善农村供水供暖和老年人公益服务设施，并进一步推进文化设施建设，提高了乡村民生服务供给水平。

一是因地制宜实施改水供暖工程，保障农村供水供暖安全。饮水

安全事关民生福祉，为了将农村饮水安全落到实处，因地制宜探索实施了多种农村供水模式。在具备实施条件的区县，优先开展城乡一体化供水，积极推行“同源同网”供水模式；在城郊地区，着力推进城市自来水管网延伸，扩大城市管网覆盖范围；在城区管网无法覆盖的山丘地区，通过划分供水区域、新建或改建供水设施，实现集中供水；在无法实现规模化供水的偏远地区，则通过铺设入户管网、安装净水设施或设置取水点等方式，确保农村饮水安全。在供暖方面，农村清洁供暖成为供暖工程改造的重要内容。以山东省淄博市博山区为例，博山区在充分考虑能源供应结构的情况下，确定了以天然气和电能为主，以太阳能和清洁煤炭为辅的供暖能源结构，同时在划分农村新型社区、公共服务设施、一般村庄三类区域的基础上，采取了集中和分散两种供暖形式，满足不同地区供暖需求。

二是探索建设老年公益服务设施，满足老人“老有所养”服务需求。为了满足老年人“老有所养”的服务需求，推进农村幸福院、便民浴室、“长者食堂”等老年公益服务设施建设。其中，尤以“长者食堂”的建立，使农村空巢老人饮食水平得到极大提升。

三是切实推进文化设施建设，提高乡村文娱服务供给水平。全面脱贫后，农民精神文化需求随着收入增长而迅速提高。以“5+N”综合文化活动室为依托，着力加强农村公共文化服务供给。“5”，即1个农家书屋、1个文体活动室、1套文化活动器材、1支文化活动队伍和1个文体小广场；“N”，即各村根据实际情况拓展延伸综合文化活动室的功能。综合文化活动室秉承标准化、制度化、实用化和创新性的建设理念，对建筑面积、图书数量、器材种类、人员配备、图书借阅、财务管理等作了具体规定，切实提高了相关设施的使用频率，提升了农村文娱服务的可及性。在此引导下，部分村庄在文明实践站内建有放学儿童活动室、志愿者服务驿站等，为农村文娱活动开展提供了条件。

三、多元共建，形成乡村建设的合力

乡村建设是一个多元主体共同参与的过程，只有调动各方积极性

和主动性，形成合力，才能实现深入发展。以农村人居环境整治为例，注重汇聚社会各方力量，探索出了一条“政府主导、农民主体、社会力量广泛参与”的乡村建设之路。在农村生活垃圾清运中，注重发挥各级政府，尤其是乡镇政府的积极性、主动性。

四、建管结合，构建乡村建设的长效机制

乡村建设不仅在“建”，更强调“管”，建管结合方能实现长效发展。在乡村建设推进过程中，既不断加大“建”的投入，也积极探索“管”的有效。多年来，在激发群众主动性、鼓励市场化运营的总体思路下，农村人居环境整治成果得到有效巩固。在乡村人居环境整治取得阶段性进展后，为了进一步保持治理成果，通过全民参与和严格考核等方式，建立了共建共享的长效机制。以临淄区敬仲镇为例，政府通过创新管理、评选带动、完善监督等方式，引导农民常态化参与。

五、乡村建设的创新启示

（一）尊重农民意愿，实现乡村建设为民所需

“从群众中来，到群众中去”是乡村建设应该一以贯之的重要原则。在全面推进乡村建设的过程中，要以农民需求为导向，畅通民意反馈渠道，同时改革考评体系，以乡村建设的科学推进满足农民日益增长的公共物品需求。

一是坚持以农民需求为导向，提供农民所需公共物品。地区差异加之经济社会的持续发展，决定了农民公共物品需求异质性强。因此，乡村建设不可能一劳永逸，而应围绕农民需求不断做出调整。总体而言，要在立足本地经济发展阶段、社会民情风俗等实际情况的基础上，按需提高农村路、水、电、气等传统公共物品供给水平，并进一步加大垃圾清运和污水处理设施，以及移动通信基站等新型公共物品投资力度，同时针对老人、小孩、残障人士等不同群体的差异化需求提供多元公共物品与服务，并从注重供给数量向更加注重供给质量

转变，确保乡村建设高质量推进。

二是进一步强化农民主体地位，畅通民意反馈渠道。在政府主导乡村建设的体制机制中，尊重农民意愿关键在于协调好“政府主导”与“农民主体”二者之间的关系，这就要求从自上而下和自下而上两个方向畅通农民意见反馈渠道。一方面，政府应通过开展入户调研、座谈会，以及设立意见反馈热线等形式，就乡村建设规划、实施方式、工程建设等进行广泛论证和充分收集民意，通过自上而下的方式提高乡村建设的科学性、民主性。另一方面，积极鼓励和引导社会组织及农村居民通过微博、微信，以及电视台和报纸等媒介反映乡村建设过程中存在的各类问题，并在此基础上，改革乡村建设考评体系，将农民满意度及其整改意见落实情况作为考核的重要指标，以对尊重民意形成硬性约束。

（二）厘清主体职责，实现各方力量有机互动

多元共建共享，是乡村建设深入推进的必由之路。

第一，政府部门作为供给者，应致力于资金筹集、监管考核和制度建设。乡村建设以其强正外部性决定了政府必须承担主体供给责任。然而供给并不等于生产，在强调专业分工的背景下，同时基于减轻财政负担的考量，政府应致力于做好以下工作：一是资金筹集，通过整合财政资金、调动社会资源、引导村民投入等方式，建立可持续的资金筹集机制；二是监管考核，加大资金使用审计力度，严格执行项目工程验收标准，建立健全乡村建设考核体系；三是制度建设，推动各类政策规章制度化，以强化执行的规范性，扎紧制度的“笼子”。

第二，市场主体作为生产者，应着力提高生产效率、保障服务质量。公共设施建设生产服务外包有利于发挥企业的效率和技术优势。在工程建设以及服务供给过程中，企业应严格按照工程和服务质量标准进行生产，在因地制宜、听取民意的基础上推进工程建设和服务开展。为了保障企业职责的履行，政府在强化监管的同时，也应致力于市场环境优化。简而言之，农村作为一个次优市场，由

于企业等服务主体发育不足，难以形成有效竞争，因此政府应通过优化市场环境，培育、引进各类农业农村市场主体，保障市场竞争的有序开展。

第三，社会主体作为参与者，应加强参与主动性、发挥主体力量。社会主体作为乡村建设最广泛的参与者，应强化主体意识和责任意识，以此投入乡村建设行动中。同时，作为最广泛的监督者，社会主体应积极通过多种渠道发挥监督作用，为政府科学决策和及时整改提供意见建议。

政府在支持社会力量发挥主体作用时，除了建立民意导向考评体系、推进党员设岗定责等之外，应着力抓好少数关键主体，如村庄能人在村庄规划、家庭妇女在垃圾收集与分类、学校学生在宣传环保知识等方面的作用，通过以点带面、“传帮带”等方式，逐步激发社会主体参与的内生动力。

(三) 鼓励创新发展，实现乡村建设智慧转型

在数字时代背景下，乡村建设必然朝着数字化、智慧化方向转型。以此为契机，各地区应在立足自身实际的基础上积极探索，充分把握数字经济带来的发展机遇，并以此为依托实现“换道超车”，加速乡村振兴。

一是加大信息基础设施建设推进力度。信息基础设施建设是乡村建设智慧转型的基础。在休闲农业蓬勃发展的情况下，应进一步提高农村 5G 移动通信信号覆盖范围，提升农村移动上网体验。同时，进一步加大“宽带进村”支持力度，着力降低上网资费，使农民上网更便捷、更便宜。

此外，农村电商等新型业态的快速发展要求进一步完善乡村快递网点布局和提高快递包裹收发时效。各地区应以行政村为单位，结合其产业发展特点和村民居住形态等，因地制宜通过快快合作、邮快合作、快商合作和物快合作等方式推进“快递进村”。

二是提高农民信息服务应用能力。信息基础设施的完善只有在农民信息服务应用能力得到提高的情况下才能发挥实效。因此，应加快

提升农民信息设备应用能力。首先，要激发农民需求意识。通过参观、推介等多种方式使其意识到数字媒体在产品宣传中发挥的重要作用，提高农民智能设备生产性使用的积极性和主动性。其次，加强农民培训。以村为单位，按照产业发展和农民需求制定培训方案、聘请培训老师，政府给予适当财政补贴，以此为农民学习提供机会和平台。最后，为农民实践应用提供技术指导。针对农民遇到的具体问题实行“一对一”帮扶，提高其实践应用能力，并以此为纽带带动一批人学习成长。

三是促进智慧农业延伸拓展。当前，智慧农业发展更多集中于水果等经济作物产业，随着智慧农业发展条件的不断成熟，包括配套设施使用成本的持续下降和软件系统使用体验的不断改良，促进智慧农业进一步向粮食作物延伸，如开发水稻、小麦、玉米智慧种植系统，有利于在降低粮食生产成本的同时，促进智慧农业生产多元化，更好满足市场需求。水果业、种植业的智能化转型与乡村信息基础设施建设的纵深推进密切相关，二者互为表里、相互支撑。从这一角度看，智慧农业的拓展延伸亦即乡村建设的智慧转型过程。

第二节　整治提升农村人居环境

农村人居环境整治工作是乡村振兴战略的重要组成部分。探究整治提升农村人居环境的重要意义，结合实际情况探究现阶段农村人居环境中存在的问题。明确乡村振兴背景下农村人居环境整治提升的有效路径，应该提升基础设施建设的水平，优化公共服务质量、科学规划农村房屋建设，加强卫生保护的执行力度，向农户们宣传积极向上的生活理念，基层干部加强引导，培养引进大量的人才。

一、乡村振兴背景下整治提升农村人居环境的意义

我国属于农业大国，农业环境问题与我国农业产业发展有密切联系。随着经济水平的不断优化，农民对环境生活有更高的诉求，我国

应该对农村人居环境进行有效调整，提升农户的生活水平。

（一）保障农村和城市协调发展

农村建设是经济发展中的重要一环，如果农村的人居环境一直得不到有效改善，就会与城市的发展形成鲜明的对比。这样不仅会影响城市的进一步优化，还会导致农村与城市发生割裂的情况，影响社会治安。并且大量的农村人口涌入城市，农村的经济活力急剧下降，土地得不到有效开发。而进行科学的人居环境改造工作，能促进农村经济和城市经济的和谐发展，提升资源的开发利用效果，确保国家经济处于稳定的运行态势。

（二）政府为农民进行帮扶

我国是社会主义国家，政府应该加强对农村的关注度，为人居环境整治工作进行有效助力和扶持，从而提升农民的居住质量和生活水平。

（三）提升农民的生活质量，促进社会稳定发展

如果农村中的环境较为恶劣，会影响区域经济社会稳定性和政治的进一步发展，不利于国家的长治久安和社会稳定。提升农村的人居环境，能够带动经济的进一步增长，实现脱贫致富的目标。

（四）提升农业经济活力，保障粮食的安全性和正常供给

粮食的产量和安全性是社会稳定发展的关键性要素。优化人居环境能保证粮食生产的稳定性，提升农业的发展活力。

二、乡村振兴背景下农村人居环境整治提升的有效路径

（一）制定科学的基础建设方针，提升公共服务水平

第一，建立系统化的交通系统，提升农产品运输和农民出行的便利性。第二，提升饮用水和农业灌溉用水的质量，扩大使用和辐射的范围。致力于进一步提升农村生活用水的质量，优化集中供水的条件，提升农村饮用水卫生监督工作的法治化和规范化的水平。第三，科学规划居住区域和牲畜养殖区域，优化有机肥料的处理和应用效果。政府应该对农民的居住范围进行合理的规划，帮助农民及时清除

废弃的房屋，建立专门的区域进行畜牧养殖工作。此外，利用现代科学技术对农业的垃圾进行有效应用，使其转化为有机肥料。例如，使用树枝粉碎机把树枝粉碎，加快其粉碎的速度，经过发酵之后从而形成有机肥，这样才能提升土壤质量，减少化肥的使用量，贯彻绿色环保的理念。第四，加强区域内特色风貌建设。加强乡村振兴样板建设，构建美丽的乡村示范村。在改造的过程中重点突出地域的文明特征，展现建筑的多样性风格，体现田园的自然之美。

（二）合理规划农村房屋建设，重点关注卫生设施

第一，结合实际情况和农民需求规划房屋建设工作。政府工作人员在规划时要采取因地制宜的模式，对居住人口进行统计，规划农村的住房用地，要在尊重居民个人意见的基础上，进行改造工作。

第二，农村垃圾分类。农村依托物联网和互联网技术，构建“智能环卫”监督平台，在区域内建立阳光堆肥房，专门处理各种生活垃圾。在监督平台中，环卫车、垃圾运输车以及清洁人员的工作责任划分明确，大家各司其职提升工作的质量和效果。在农村中每家每户的门口都有垃圾桶，避免垃圾随处倾倒的问题。

第三，科学处理生活污水。我国发布《关于推进农村生活污水治理的指导意见》，其中指出应该采取因地制宜的模式，建立一条具有中国特色的农村生活污水处理路径。

第四，加强农村厕所建设。农村的公厕不仅关系农民的居住环境质量，还与他们的健康有着密切的联系。

（三）宣传健康积极的生活理念，优化农民意识

一个人的生活观念直接影响着其行为模式以及生活质量。当地的基层干部应该定期宣传健康的生活理念和思想，为农民提供科学引导，优化农村的环境和风貌。现阶段，农村经济已经处于高速发展的状态，整体的经济实力不断攀升。政府应该进行科学宣传，消除大家对农村的偏见，拉近农村和城市之间的关系，提升农民的荣誉感和自豪感，营造愉快、舒适的生活氛围。

（四）基层干部加强引导，农民互帮互助

农村的青壮年劳动力是一切工作顺利开展的保障。所以，农村的

基层干部应该加强引导工作，组织一些民间性团体，确保国家中的各项最新政策能够进行有效的传递，提升农民的信任感。同时，采取组织合作的模式能够保障人居环境整治工作的顺利开展，增强文化和经济活动的活力。这样不仅优化农民的居住环境，还丰富他们的文化内涵，提高农民生活的趣味性。

（五）鼓励大量的人才投身到农村人居环境整治工作中

政府应该鼓励各类人才积极地投身于农村人居环境整治工作中，充分开发当地的资源，促进区域的进一步发展。

第一，规划型人才，构建现代化的农村发展环境。

第二，农业型人才，科学合理地扩大农业发展规模，降低对自然环境和生态的影响。

第三，旅游型人才，结合当地的人文和地理环境优势，促进一二三产业的有机融合，提升环境整治工作的效果。

第四，工程型人才，优化工程建设水平，提升农民的生活质量。

综上所述，农村进行系统化的人居环境整治工作，能提升农业经济的发展水平，提升农民的生活质量，促进社会经济的稳步发展。在进行整改工作时，基层政府应该以实际为出发点，采取因地制宜的模式，制定科学的实施方针，扩大整治工作的影响力和辐射范围。人居环境整治工作应该深入农民群体中，要拉近与他们之间的距离，加强他们的认可与信任感，确保整治工作的顺利实施。

第三节 加强农村精神文明建设，持续推进农村移风易俗

组织开展移风易俗宣教活动，扎实开展高价彩礼、大操大办等重点领域突出问题专项治理。引导各地在村规民约中充实简办婚丧喜事、减轻人情负担、反对铺张浪费、倡导孝老爱亲等内容。遴选推介第四批文明乡风建设典型案例，推广乡风文明建设经验。

一、加强农村精神文明建设引领文明乡风

全面推进乡村振兴，是党的二十大作出的重大决策部署，是决胜全面建成小康社会、全面建设社会主义现代化国家的重大历史任务。扬州市邗江区围绕深入贯彻中央和省、市委关于精神文明建设和实施乡村振兴战略的部署要求，掀起了积极探索农村精神文明建设新途径新办法的工作热潮，开展丰富多彩的精神文明创建活动，农村风气有了好转，农民精神文化生活得到了改善，农民文明素质和农村社会文明程度均有提高。

（一）推进实施文明素质提升工程

一是大力开展思想道德教育。深入开展社会主义核心价值观宣传教育活动，以道德讲堂、文明评议会等为阵地，强化社会公德、家庭美德、职业道德、个人品德教育，不断提高农民的道德素质。二是广泛开展形势政策和民主法制宣传教育。组织政策理论、形势任务、法律法规等学习教育，着力解决部分基层干群政策水平偏低、法治观念不强等问题，努力让基层干群众学好用好党在农村的政策、法规和农村改革发展等相关政策。三是扎实开展创业致富宣传教育。大力开展农村劳动力创业、农业实用技术以及市场经济知识、网络电商、法律法规培训，加快建设知识型、技能型、创新型农村经营者队伍。

（二）推进实施文明风尚弘扬工程

一是开展“讲文明树新风”活动。着力解决农村封建迷信、移风易俗、大操大办等方面存在的突出问题，引导农民群众摒弃陈规陋习，倡导科学文明健康的生活方式，培育文明家风民风乡风。二是组织道德典型评选活动。广泛开展“十大道德模范”“十佳新人新事”“好媳妇好公婆好妯娌好邻居”等道德典型评选活动，利用好人馆、好人榜、好人墙等形式宣传先进事迹，推动形成男女平等、尊老爱幼、扶贫济困、团结友爱、礼让宽容的人际关系。三是加强农村志愿服务。积极推行志愿者注册，发展志愿者队伍，形成志愿服务网络，落实志愿服务礼遇嘉许。以孤寡老人、空巢老人、

残疾人、留守儿童、农民工等为重点对象，就近就便开展送温暖献爱心、扶贫济困、扶老助残、权益维护、环境整治、治安维护等志愿服务活动。

（三）推进实施文明服务拓展工程

一是繁荣发展农村文化。采取民办公助、政策扶持等形式，培育民间文艺团队、文化中心户以及农村文化能人、文艺骨干，加强对民间文艺人才的培训。二是加大文化惠农力度。积极推动集文化馆、图书馆、博物馆、美术馆、展览馆于一体的地标性区级综合文化中心建设，加快城乡一体化建设，加强镇（街道）综合文体服务中心标准化管理，推动村级公共文体设施功能提升和特色彰显。三是推进城乡文明共建。

开展新一轮城乡文明结对共建工作，组织区级以上文明单位与行政村（社区）开展城乡文明结对活动，设立文明实践指导员，切实帮助行政村（社区）落实一批帮扶项目、建设一批文体阵地、完善一批基础设施、开展一批教育培训，支持农村文明户、文明村、文明集市和农村文化广场的建设。

（四）推进实施文明创建示范工程

一是深化文明户创建。不断丰富文明户创建的内涵和形式，广泛开展“传家训、立家规、扬家风”活动，深入开展“双十佳文明家庭”“文明信用户”“文化中心户”等创建活动。二是强化文明村创建。强化基层党政组织建设，推进文明示范村和最美乡村创建工作，促进农民精神面貌和农村社会文明程度常创常新。三是开展文明集市创建。把创建文明实践集市作为农村文明创建的新抓手，推进实施“农贸市场整治提升三年行动计划”，开展“文明诚信市场”“诚信经营户”“星级经营户”“放心消费户”“文明摊位”等创建活动，实现依法经营、诚实守信、环境整洁、设施完善、秩序井然、服务文明，制止乱收费、假冒伪劣、坑农伤农等违法行为，方便农民生产生活。

二、保护传承农耕文化

农耕文化是农民在长期的农业生产实践中造就的实用型文化。当下，深刻挖掘农耕文化的内涵和风姿，使其精髓由里而外地释放，转换为农耕智慧，实现创新性发展，是乡村振兴的重要思想文化之源。根据农耕文化转换的基础，提出了保护与传承农耕文化、开展农耕文化旅游、农耕文化与现代农业结合、将优秀农耕文化融入乡村治理等有效措施来推动农耕文化在乡村振兴中的创造性转换。

（一）农耕文化及价值

我国是一个农业生产大国，经过老祖宗几千年沉淀下来的农耕文化丰富多彩，源远流长，是中华优秀传统文化的根基，渗透在农业生产中。关于农耕文化，不同的学者有不同的理解，各抒己见，大致有这么几种观点：①从狭义角度来说，农耕文化单纯指小农文化，经过历史流传下来的农业文化；从广义角度来说，农耕文化是各种农业社会生产关系的总和，既有法律法规总则，又有小农文化。②在物质文化层面上，又叫作有形农耕文化，包括用作农业生产的器具、服饰等，精神层面的又叫作无形农耕文化，包括农事谚语、朗朗上口的诗歌以及农业作业风俗习惯。③根据地域不同，又可以将农耕文化分为中原农耕文化、江南农耕文化、巴蜀农耕文化。④根据耕地类型的不同，可将耕地文化分为山林火种刀耕型、山地耕牧型、山地耕猎型、具有梯田特点的丘陵稻作农耕型。关于农耕文化的价值，可概括为“应时、取宜、守则、和谐”八个字，它对于我国农业和思想观念的转型，对减缓工业发展带来的焦虑具有重要作用。

总的来说，农耕文化是我国辛勤劳动者几千年来积淀的、极富智慧的生产生活形态，在很大程度上承载着古代劳动人民关于农业的劳动观念、生产技术、劳作工具等传统文化。在建设美丽乡村的乡村振兴进程中，汲取农耕文化的优秀思想，在当下农业生产生活中仍具有指导意义。因之，保护和传承好农耕文化不仅符合党的二十大提出乡村振兴战略，而且对保护和传承民族特色、中国传统文化、发展地方乡村经济具有一定的基础作用。

（二）乡村振兴中推进农耕文化

1. 保护农耕文化

要想进行农耕文化的转换，首先是要保护好农耕文化。当传统农耕文化遇上发展迅速的现代农业，前者似乎显得黯然失色，进而慢慢被取代，从改革开放到现在，我国农村有 40 多万个村庄消失，农耕文化正从我们身边消失。因此，需要加大对农耕文化的重视，加大保护力度，为制定保护策略提供依据。

对于有形的农耕文化是比较好保护的，建立陈列馆，即使有的东西不存在了，我们还可以根据记载资料通过仿造出来。我们不仅要保护这些有形的文化，还要积极传承那些风俗习惯、田地耕种规则。

2. 建立农耕民俗馆

对于物质农耕文化，最好的方法就是陈列起来，可以在古村落里建立一个民俗馆，展示犁、锄、耙、蓑衣、草鞋、磨盘等生产工具，以影像和图片来展示风俗习惯、休闲娱乐等，让大家近距离感受当时的农耕文化，激发他们对优秀农耕文化的自豪和传承感。

由于现在的青少年人很少有人了解这些农耕文化，用民俗馆可以真实地展示农耕文物以及辛勤劳作的景象，让广大青少年学生更加深入了解传统农业生产的历程。有条件的可以为每个农耕物件配上二维码语音讲解，方便游客深入了解，而不是单纯看一遍。或者利用现代科学影像技术，还原当时穿草鞋用锄头锄地的辛勤劳作场景，仿照清明上河图的内容制作贴近本地的日常生活场景，也可以播放当时流行的戏曲，这些都是活灵活现的农耕文化。

农耕民俗馆不是简单地陈列和复制，而应当结合本土特色，目前全国上下多地都有农耕民俗，但都普遍存在没有鲜明特色、运营内容相似、展览不规范等问题，更有甚者将旧物古玩改头换面之后，称之为民俗馆，来招揽游客，殊不知，这是对游客的一种敷衍和误导。由于民俗馆数量多，难免有很多相似地方，应当拆除小众民俗馆，集中精力建设有特色、有知名度的民俗馆。

3. 促进优秀农耕文化和现代化农业相结合

优秀农耕文化理念对现代高效、优质安全的农业仍具有一定的影响，现代农业应吸收农耕文化的精髓。农耕文化中的顺应自然、天人合一的思想是现代农业可持续发展的基础，古人追求与万物和谐相处的理念、抓大放小的捕鱼原则在维持物种多样性、保护生态环境、保障资源可持续利用上具有重要指导价值。现代农业要在发展过程中吸收、传承和创新农耕文化之精髓，有利于农业发展和农民增产。从一段时间的大量使用化肥农药到现在的注重绿色环保，意识到滥用化肥的后果，这些都是因为我们去回顾祖先留下的农耕文化以及智慧的理念。为鼓励将优秀农耕文化与现代农业相结合，绿色农业非常契合乡村振兴中粮食安全有保障的要求，当地政府可以对绿色产品进行适当政策奖励。

4. 将优秀农耕文化融入乡村治理

优秀农耕文化在我国乡村治理中产生着重要的作用，同时党的二十大报告指出，要完善德治与法治、自治相结合的治理体系，促进乡村治理的进一步发展。优秀农耕文化来自祖辈的生活沉淀，是农耕生活和儒家思想的精华的结合产物，是乡村百姓信服的行为准则，世代相传并指导人们的生活风俗习惯。用优秀农耕文化中的淳朴推进乡村治理中的“德治”，将道德力量约束于行为规范，根据农耕文化制定村规民约，要相信道德规范在乡村治理中的力量，让道德充满日常生活，通过评选道德模范，宣传身边传统农耕文化的优秀践行者，树立榜样带头作用，同时做好普法工作，德治和法治相结合来帮助村民更好的自治，促进乡风文明的建设。也可以通过建设非物质农耕文化，加深年轻一代对农耕文化的解读，增强他们的乡村归属感，为家乡做一份贡献。此外，有的农耕文化成为日常娱乐活动的一部分，丰富了村民的枯燥生活，为乡村治理增加了精神活力。

三、丰富乡村文体生活

发展农村文化是在一定的社会经济条件下形成的以农民为主体的

文化，是农民的文化水平、思想观念以及在漫长的农耕实践中形成并积淀下来的认知方式、思维方式、价值观念、情感动态、处事态度、人生追求、生活方式等，是中华民族文化根脉所在。

一直以来，有些人一直认为只有西方的、城市的东西才是文化，把农民一些传统文化习俗视为封建迷信，农民的精神文化活动被抑制，解决农民文化需求关键在于“多予、少取、放活”。同时要客观看待农民的精神文化需求，祭祀活动、宗族活动等是农民文化活动的重要载体，一些地方民间戏剧活跃正是得益于寺庙和祠堂的复苏。过去我们对宗教的负面影响看得过多过重，在看到它的负面作用的同时，也要看到它对于农民精神世界的构建作用。我们应该重新认识传统文化的价值，对民间剧团、民间乐队要保护扶持和政策引导，以满足农民的需求。

满足农民节日文化需求。家庭作为社会构成的最基本单位，如果能够保持父慈子孝、家庭和睦的话，在很大程度上减少社会管理成本。中国人重视家族的延续，希望人丁兴旺，而要做到这一点，就必须从孝做起，为人子者能够在父母生前身后恪尽孝道，就能够为子孙后代树立榜样，树立忠孝传家的家风。

另外，这种需求潜在巨大商机，仅农村就有两亿三千万个家庭，我们应该用好用足中央拉动内需的相关政策，开发这一产业，不仅满足农民的需求，同时也起到拉动内需，促进农民就业的重要作用。

四、传承生态文化，创建和谐美满的生态社会

传承生态文化，首先要了解天人合一的思想和境界，天人合一是一种高尚无私、求贤禅让、造福大众被人称颂的美德；从社会学角度看，是泰德发扬、上下一心、同心同德、和气生财、安康和谐的时代。重建一种健康、文明、环保的生活方式，推动农业绿色发展、循环发展、和谐发展。创建和谐美满的生态社会，必须发展生态农业。中国生态农业与西方那种完全回归自然、摒弃现代投入的“生态农业”主张完全不同。中国生态农业强调的是继承传统农业的精华，规

避常规现代农业的弊端，如大量使用化肥、农药等，大量使用石油能源等；通过系统结构调整与优化，如推行立体种植、病虫害生物防治、废弃物质循环利用等，改善其功能。根据生物之间互利共生关系合理组建农业生态系统，使处于不同生态位置的生物种群在系统中各得其所、相得益彰，能够充分利用太阳能、水分和矿物质营养元素，并使产生的废弃物质多次循环利用，提高能量转换率和资源利用率，有效防止农业生态环境污染，又能获得较高的经济效益、生态效益和社会效益。如果我们再用文化引领农村规划、住宅设计、田野景观等进行工艺美化，镶嵌更多的文化元素，实现农业生态系统、农村社会系统同步优化，构建一个远离喧嚣、没有污染、人与自然和谐的生态社会。

第四节　加强和改进乡村治理，强化统筹协调

一、乡村治理的内涵

对乡村治理内涵的阐述可以分为三大方面：一是从国家和社会角度出发，推动乡村治理，意味着国家治理体系现代化在乡村层面的规范和优化，是推进乡村发展的重要举措；二是从基层社会角度出发，乡村治理的完善和优化是维护乡村社会秩序的关键内容，通过乡村治理不断完善村规民约等来实现管理和维护，才能为乡村振兴战略的实施创造和谐稳定的基层社会环境，从而促进乡村发展；三是从治理本身的角度出发，乡村治理指通过国家介入即相关法律法规、民间参与即村规民约等来规范行动主体的行为。

二、乡村振兴背景下如何促进乡村治理与转型

（一）出台激励政策，鼓励回乡

鼓励回乡策略的提出主要是针对我国乡村“空心化”现象严重的现状。外出务工人员不愿回乡帮扶家乡建设的主要问题在于乡村与城

市在资源配置等方面不平衡，乡村就业岗位较少，或者没有平台供外来返乡人员进行家乡建设。因此，乡村要注重出台激励政策，鼓励外出务工人员回乡。通过出台激励政策鼓励高素质人才如企业家、党政干部和各专业人才返乡支援家乡建设，给予返乡人才相应的物质奖励，同时加大技术方面的支持，为返乡人才建设家乡提供相应的保障。

（二）采用主体共同参与的治理方式

推动乡村治理的优化和完善需要实现治理方式的改革和创新，通过采用主体共同参与的方式来进行治理，才能有效提高乡村治理效率和水平，通过各主体间的相互监督来提高治理能力和水平。一方面，要加强基层党组织的主导作用。乡村基层党组织在促进农村发展的过程中发挥着关键作用，而现阶段存在许多因为基层党组织不作为、乱作为的问题影响乡村治理完善的实例，因此要对基层党组织的选人用人进行严格把关，为乡村发展选择良好的领路人。另一方面，通过各主体共同参与治理的方式来加强对乡村一把手的监督，从源头杜绝官员不作为、贪污腐败现象。

（三）整体推进与重点突破相结合

实现乡村治理的完善，要注重整体推进和重点突破相结合。就整体而言，通过贯彻落实国家解决“三农”问题提出的制度方略来进行乡村治理，主要包括制度不断完善、坚定不移推进扶贫战略和促进民生保障不断完善，努力提高农村人口的生活水平。

就个体而言，由于我国农村人口庞大，发展情况不尽相同，采用同步的发展战略可能不适合部分农村的发展状况。因此，在进行乡村治理时要根据不同乡村的发展现状和当地条件制定相应的发展战略，贯彻和落实“精准扶贫”方略，通过研究考察因地制宜地规划脱贫方式，只有实现重点突破，才能实现乡村振兴目标。

（四）完善制度保障，有效推进乡村治理

制度保障为乡村治理提供明确的方向指导，使得乡村发展有据可依，从而不断提高乡村治理效率和有效性。完善制度保障的关键在于从理论上提供保障，明确参与治理各方的责任和义务，以此形成合力才能有效提高乡村治理水平。同时，完善制度保障的主要目的是实现“让权力关在制度的笼子里”，从源头杜绝乡村领导的贪污腐败和不作为现象。乡村可以通过设置专门的监督小组进行权力的分管和制约，同时不断完善民主监督渠道，保障广大人民群众的知情权和表决权，鼓励广大农村人民参与乡村治理和完善。

第八章 积极稳妥深化农村改革，激发农村发展活力

第一节 深化农村土地制度改革

土地是百姓赖以生存和发展的物质载体，土地制度的优劣与否，关系国计民生。农村土地制度改革关系国家的工业化、城镇化进程，因此，这一制度改革一直被视为热点问题。而土地作为生产资料，直接受土地影响最大的还是其承包者——广大农民群众，因此，为了实施乡村振兴战略，必须维护好农民的根本权益，不触及农民的根本利益。土地制度作为我国一项基础性制度，将会为实施乡村振兴战略提供重要的制度支持。

一、对农村土地制度改革的认识

（一）深化土地制度改革

当前农村土地利用方面最主要的问题还是由于制度的不完善以及制度制定后贯彻落实不彻底而产生的，因此，全面深化改革、加快完善土地制度已成为刻不容缓的工作。

1. 巩固完善承包地“三权”分置制度

自改革开放以来，我国农村实行家庭联产承包责任制，虽然土地归国家或集体所有，但经营权归农民所有，土地的所有权与经营权分离，形成两权分离制度，这一制度提高了土地利用率，在中国农业发展史上具有里程碑式的意义，对于农村和农业的发展起到了重要作用。这一制度在许多方面回答了我国农业发展中不好回答的难点问题，并且解决了发展中的一部分矛盾。党中央在总结农村土地经验的

基础上于2016年正式提出了“三权”分置改革。这一改革，满足了农村与农业发展的现实需要，通过把经营权从承包经营权中分离出来，使农民可以依法、自愿、有偿将土地进行流转，企业通过承包农民的土地，使农民可以在获得基础资金的同时增加额外收入，这一改革使土地的利用率进一步提高，并且可以集中大规模工作，对于中国农业现代化机械化发展具有重要意义，是对土地制度的又一创新和突破，有助于使更多城乡人口向城市涌入，加快中国的城镇化进程。同时，该政策也为城市资本进入农村提供了制度保障，但现在改革过程中也遇到了新问题，例如，对于非法改变土地用途甚至通过非法手段牟取利益的行为，仍未有确切制度进行规定土地流转。实施规模化经营后，对于土地的流失、污染、破坏问题，也没有准确的制度对其进行规定。因此，在社会发展过程中，必须及时发现问题，全面稳妥地推进土地改革与乡村振兴。

2. 完善土地征收制度

我国法律规定，只要是为了公共利益的需要，国家可以依法对农村土地进行征用，并予以相应的补偿，我国法律虽对此进行明文规定，但在执行过程中可能出现一系列问题，例如在征收补偿过程中，可能会出现随意扩大征收范围、征收程序不规范、补偿不到位等一系列问题。为解决在这一过程中出现的不规范性问题，可以有意识缩小征地范围，完善相关征地程序，建立健全赔偿机制，切实保障人民的根本利益。

3. 稳步推进集体经营性建设用地入市

这一改革事关大局，影响深远，通过出让农村建设用地使城市资本进入乡镇，规范管理，城乡互动，收益共享，为建立农村集体经营性建设用地入市法律制度奠定重要基础，但在这一制度实行的过程中也有很多不可忽视的问题。例如单纯追求效益，忽视经验总结，或基础性工作滞后，盲目出让，导致出现土地纠纷或部分经济组织没有发挥其应有的作用、调节工作不到位等问题。

4. 改革完善宅基地制度

由于现在城镇化进程的加快，每年均有大量的农村人口进入城市落户，这一现象导致大量的农宅被闲置，又由于退出机制的不健全，造成土地资源浪费。随着“三权”分置政策的实施，这一问题，得到了更深一步的解决，除此之外，还需要完善宅基地权益保障和取得方式、建立宅基地有偿使用制度、建立自愿有偿退出机制、推进房地一体登记发证工作等。

（二）保障建设用地需求

1. 支持土地综合整治

随着中国现代化程度的不断加深，对于农村土地的利用不能仅仅局限于耕地，要在提高耕地质量的基础上创新传统的土地利用模式，坚持综合整治原则，优化乡村布局，改善农村环境，坚持山水林田路村的新型发展模式，实现农村土地综合整治，促进农业规模化经营，通过土地开发，土地平整，以及结合新农村建设，推广新型肥料和化肥增效技术，充分利用土地，提升土地价值，在增加农村居民收入的同时，促进中国现代化发展，实施乡村振兴战略。

2. 保障农村建设用地需求

随着实施乡村振兴战略的不断深入以及城市资本进入农村的步伐加快，农村城市建设用地规模不断扩大，一方面，用于农业生产的土地会有集中大规模的发展趋势；另一方面，随着土地流转的不断发展，可能会出现一条龙服务的农产品基地，会有更多仓库以及销售网点建设占用乡村用地。另外，完善公共设施，旅游产业及电商产业的发展会增加建设用地的需求。因此，必须要对乡村土地有一个整体认识和规划，因地制宜、实事求是地利用土地特点，在计划管控的前提下，切实保障用地需求。

二、稳慎推进农村宅基地改革和管理

（一）建立宅基地基础信息台账

一是利用宅基地确权证、住建局房屋鉴定数据以及遥感航测信息等，全面摸清宅基地数量、布局、权属等基础信息，从“人、地、房”3个方面建立健全县宅基地基础数据台账。二是建立集体经济组织成员台账。准确核定村、组两级集体经济成员名单，严格审核宅基地农户资格权，保障宅基地所有权和使用权行使，坚决落实“一户一宅”政策。三是建立历史遗留问题台账。重点摸清一户多宅、宅基地超面积、非集体经济组织成员占用宅基地、危旧房等历史遗留问题，在充分尊重农村集体经济组织和农民意见的基础上，区分不同时期、不同情形，采用不同方法，妥善制定分类处置办法和措施。

（二）完善审批机制

一是按照“农户申请—村组审查—乡镇审批”的程序，严格履行农村宅基地建房审批程序，强化农民建房风貌管控，坚决遏制违法增量，落实“申请审查到场、批准后丈量批放到场、基础浇筑到场、住宅建设过程核查到场”四到场实现多重监管，推动农民建房审批高效、规范、透明化管理。二是完善巡察机制。建立健全农民建房巡察制度，完善县乡村组四级监管网格化巡察队伍，县级层面每个月开展1次常态化巡察，镇、村每周开展不少于1次常态化巡察，在相关工作微信群内发送巡察定位照片，并将巡察结果在微信群进行现场通报。三是完善执法机制。对于影响较大、情节恶劣、乡镇难以执法到位的违规建房行为，农业农村局、自然资源局、住建局、城市管理综合行政执法大队可以开展联合执法，提升执法水平。坚决打击各类违建行为，做到“发现一起，查处一起”。

（三）发挥村民理事的主导作用

一是坚持村民自主管理原则，在每个村选举出办事公道、威信较高的“乡贤”组成宅改村民理事会，建立公开透明的议事决策章程，形成强大的凝聚力。二是发挥农民群众的主体作用。充分保障村民的知情权、监督权和参与权，认真收集听取村民意见建议，激发村民自主推进宅改的内生动力，实现了“要我改”向“我要改”的历史性转变。三是发挥党员干部的示范作用。牢牢把握党员干部这个关键，引导党员干部带头拆除多占住宅、带头缴纳超面积宅基地有偿使用费，形成“头雁效应”。

（四）推进乡村治理

一是坚持推动宅改与乡村治理紧密结合，让村民共商解决村中的大小事，切实加强基层治理实效。发挥党员、干部、理事、乡贤等作用，广泛宣传宅改、移风易俗等内容，引导乡村制订村规民约，促进农村社会和谐稳定。二是发展乡村民宿。在宅改工作中，突出“休闲、康养”主题，加强乡村民宿建设管理，全力推进“美丽活力乡村+民宿”联动建设。

第二节 发展新型农业经营主体和社会化服务

一、发展新型农业经营主体的社会化服务体系

党的二十大报告在“全面推进乡村振兴”100多字的段落中对乡村振兴做出高度概括，字数虽少却更加高屋建瓴，对照党的十九大报告侧重乡村振兴体系构建、顶层设计及具体的工作要求，党的二十大报告聚焦未来乡村振兴关键，通过全面推进、优先发展、农业强国、粮食安全4个关键词的使用，使乡村振兴的靶向性更强、维度更全、发展要求更高，乡村振兴在国家战略中的地位得到进一步强化，需要我们守正创新系统把握和进一步提高认识。

（一）发展新型农业经营主体和社会化服务的内涵与意义

党的二十大报告指出，“巩固和完善农村基本经营制度，发展新型农村集体经济，发展新型农业经营主体和社会化服务，发展农业适度规模经营”，这一概述着力于生产关系与生产力相互促进，内涵丰富，视角深远。从农业强国视角，从以下3个方面理解发展新型农业经营主体和社会化服务内涵。

其一，农业强国离不开农业现代化，农业现代化离不开现代农业经营体系的强有力支撑。构建我国现代农业经营体系是农业现代化重要组成部分，目标是要优化我国农业经营结构，提升现代农业经营水平。

其二，在巩固和完善农村基本经营制度下，实现小农户的现代化转型、促进农民全面发展是农业经营体系建设的重中之重。由我国农

村土地制度所决定，大国小农将在我国经济社会中长期存在，短期内经由土地退出、城镇化化解小农户经营问题不太现实；现实难点在于当前留在农村务农的小农户存在老龄化、低学历化、兼业化以及土地经营超小规模化等现象突出，因此农业经营体系建设重在守正创新，解决小农户与现代农业有机衔接问题。

其三，新型农业经营主体和社会化服务是实现适度规模经营的载体和路径。家庭农场和合作社作为两类基本载体，是发展新型经营主体的政策扶持重点；土地托管作为农业社会服务发展有效路径，是实现规模经营最便捷、灵活和发展空间最广的手段。

从农业强国视角，从以下 3 点认识发展新型农业经营主体和社会化服务的重要性。

一是有利于巩固和完善我国农村基本经营制度，奠定乡村振兴的产业组织基础。新型经营主体和服务主体构成多元，功能健全。新型农业经营主体具有不同的所有制形式、组织形态和经营方式，呈现多元、融合、共享的发展特征。新型经营主体通过家庭农场、合作社、涉农企业及其协会、产业联合体等开展农业生产经营与社会化服务活动，为乡村振兴提供了新鲜力量。在功能上，既有农民合作社、农业产业化企业、农业社会化服务组织在“统”的层面提供的服务，又有家庭农场在“分”的层面进行的专业化、规模化生产。正是以家庭承包为基础统分结合的双层经营取代了我国人民公社集体管理模式，调整了国家、集体、农民之间的利益关系，从而奠定了乡村振兴的组织基础。

发展新型经营主体和社会化服务目标是要解决农业“谁来种地”和“如何种地”问题，事关农业强国和农业现代化全局。如果没有新型农业经营主体，如果农业社会化服务跟不上，分散且众多小农户势必成为被边缘化的孤立小农，与此伴生的微观问题是小农户难以分享现代农业技术进步带来的增值效益，产业效率低、农户收入增长困难；同时伴生的宏观问题是农产品供给不稳定和存在产业安全风险，小农户经营下的农业现代化发展进程艰难。

二是有利于丰富农业产业组织方式，拓展乡村产业发展新路径。家庭农场和农民专业合作社是国家政策重点扶持的两类新型农业经营主体，它们是我国农业向现代化转型的主要载体。一方面，不同新型经营主体之间从简单合作向深度融合转变，通过建立紧密的利益联结机制，延长产业链、提升价值链、完善供应链、拓展生态链，形成了互融共通、协同发展、共同壮大的高效经营模式。这种产业组织之间的融合发展丰富了农业产业组织方式。另一方面，各类新型经营主体在带农联农中积极推广合作制、股份制、股份合作制、技术分成、订单带动、二次返还等多种利益分配方式，让广大农民依靠土地、技术、劳力等资源要素，分享现代农业发展成果，通过共享发展为乡村产业振兴开辟了新路径。

三是有利于农业经营管理现代化，解决小农户组织化问题。小农户组织化问题本身也是一个社会治理问题。

（二）我国新型农业经营主体和社会化服务进展及效用

我国目前已经形成发展新型经营主体和社会化服务政策体系，其中，家庭农场和农民专业合作社是新型经营主体培育的两个重点。在政策支持下，近十年来各类新型经营主体得到了极大的发展，市场化、专业化、规模化、集约化特征明显，成为构建我国社会化服务体系的重要依托和服务小农户与现代农业有机衔接的重要抓手。

一是初步构建现代农业经营体系，发挥优化我国农业产业组织结构效用。近十年来，各类从事农业生产和服务的新型农业经营主体蓬勃兴起，初步构建起现代农业经营体系，大大优化了我国农业生产经营结构。

二是立足土地流转，发挥富农强农效用。在我国农村基本经营制度前提下，培育发展家庭农场是我国农业现代化的突出特征之一。在农地“三权”分置制度框架下，农户家庭经营的分化促使一部分农户转变为专业大户、家庭农场，同时促进了土地规模经营和专业化发展。在此过程中，家庭农场的发展培育与农户家庭经营分化相伴，是生产力进步的表现，具有客观性；而基本经营制度的巩固和完善为农业适度规模经营和高效生产提供了制度保障。纵观我国农地流转主体，家庭农场、合作社因为与农户有紧密的地缘、业缘关系而居主导地位，成为名副其实的转入农地的主要力量，劳动力、农地、资金等要素流转在普通农户与家庭农场、合作社之间形成高效配置。

三是从事农业托管服务，发挥带农融农效用。合作社、集体经济组织、涉农企业等是农业社会化服务的主要力量，它们以各自优势和多种模式为小农户提供多样化服务，在衔接小农户与现代农业中发挥着越来越重要的作用。从农户土地规模经营路径视角梳理农户接受农业社会化服务形态，实践中存在3种类型：一是出租（转包）方式流转土地。二是以入股方式流转土地，如农户入股土地股份合作社、入股涉农企业联营等。三是在不用流转农地前提下，以生产托管的方式接受社会化服务，进而实现专业化、规模化经营。

（三）加快发展新型农业经营主体和农业社会化服务的建议

与成熟强健的工商业主体相比，新型农业经营主体和农业社会化服务还是新生事物，处于成长初期，除了自身发展实力不强、能力素质不高、不规范的问题外，还面临着区域发展不平衡不充分、外部支持环境待优化等困难和制约，突出表现在保险、用地、金融和人才等方面。但其发展势头不减，趋势可期。我们要坚持不懈营造重农氛围，把农业农村工作放到重中之重位置，推动新型农业经营主体和农业社会化服务高质量发展，加快推进乡村振兴和农业强国建设。

一是优化社会营商环境，厚植新型经营主体发展优势。总体上应紧紧围绕实施乡村振兴战略，实施新型农业经营主体培育工程，利用好农业农村优先发展的各项政策，包括农业绿色发展、农业基础设施建设、农村普惠金融、农业政策性保险、数字化营销、人才培养引进等扶持政策，培育发展一批示范家庭农场、示范合作社、重点龙头企业、社会化服务组织和农业产业化示范基地，使新型农业经营主体和社会化服务成为推动落实农业强国的重要载体。

二是提升新型经营主体发展能力和社会化服务能力，克服发展短板。一方面，以“十四五”期间实施新型农业经营主体培育工程为契机，深挖农业多功能潜力，拓展产业链增值，提升多元主体参与乡村振兴能力；另一方面，大力发展以合作社为中心的产业链垂直整合业务——“农户+合作社+关联企业”，探索链长制在农业产业链管理中的应用，对农业社会化服务体系进行提质升级。此外，对于有多个零散地块且难以规模化经营的山区分散小农户，开展规模化农业生产托管服务成本较高，在政府补贴有限条件下，更需要从降低成本上下功夫，以实现社会化服务可持续发展。

三是全面落实新型经营主体和农业社会服务政策，形成统筹协同发展方略。包括土地延包政策、非农转型政策、宅基地改革政策、新型农业经营主体支持政策、工商资本投资农业政策、农民工市民化政策等有序推进，系统化落实。重点激发合作社、涉农龙头企业社会责任，发挥新型经营主体在巩固脱贫攻坚成果、实现共同富裕中的能动作用。

四是加强提升农业生产托管服务水平，持续推进小农户经营方式的现代化转型。小农户与现代农业有机衔接涉及我国现代农业发展中的诸多现实问题，在现实环境约束与发展趋势共同作用下，未来围绕小农户与现代化衔接的政策创设必然是顺应农业现代化发展趋势，在保障我国小农户有更多弹性选择的基础上持续推进小农户经营方式的现代化转型。实践证明，其有效途径就是农业生产托管服务。

二、培育新型农业经营主体

强国必先强农，着力培育新型农业经营主体是建设农业强国的必由之路。迈进新征程，更要铆足干劲，着力抓好培育新型农业经营主体的各项工作，加快建设农业强国。

（一）加强制度建设，提升规范运营水平

只有引导新型农业经营主体规范运营、强基固本，才能紧密联结农业生产经营体系各环节，形成强有力主体支撑。要建立健全规范管理长效机制，不断完善规章制度，健全组织机构，建立合理收益分配制度；要建立健全畅通便利的市场机制，加强登记管理，引导主体按

时完成年报公示、信息变更登记；要完善新型农业经营主体指导服务体系，强化分类指导，引导新型农业经营主体健康发展。

（二）加强政策支持，提升规模经营水平

融资困难是新型农业经营主体普遍面临的发展障碍，当前加大对新型农业经营主体的资金扶持力度刻不容缓。要明确财政补贴资金投入重点，将更多金融资源配置到重点领域和薄弱环节；要落实好税收优惠政策，针对不同主体的特点给予一定的税费减免；要加大金融产品和服务方式创新力度，鼓励金融机构创新信贷产品和服务，根据不同主体、不同情形开发适宜的信贷产品。

（三）加强教育培训，提升队伍素质水平

只有做好新型经营主体人才的培育和引进，才能为构建新型农业经营体系筑牢队伍支撑。要鼓励返乡下乡人员、大学生等各类人才领办创办新型农业经营主体或从事相关工作；要积极开展职业技能培训教育，不断扩大受众数量；要加大新型农业经营主体带头人培训力度，分层分类开展全产业链培训。在坚持人才本土化培养和吸收引进相结合的基础上，推动新型农业经营主体由数量增长向量质并举转变。

第三节　发展新型农村集体经济，深入推进改革

党的二十大报告指出，“巩固和完善农村基本经营制度，发展新型农村集体经济，发展新型农业经营主体和社会化服务，发展农业适度规模经营。”近期，全国人大常委会正在讨论《中华人民共和国农村集体经济组织法（草案）》，该法如能正式颁布，必将产生深远的历史影响。

一、农村集体经济的概念定义

《民法典》第二百六十一条规定：“农民集体所有的不动产和动产，属于本集体成员集体所有”。也就是说，唯有农村一定疆域内的

农民群体组成的集体（本集体）对这个疆域特定土地及其他资源才拥有所有权，这就是农村的集体所有制，是区别于国有制的公有制另一种重要的所有制形式。在中共中央办公厅、国务院办公厅发布的《中共中央、国务院关于稳步推进农村集体产权制度改革的意见》提出，“农村集体经济是集体成员利用集体所有的资源要素，通过合作与联合实现共同发展的一种经济形态，是社会主义公有制经济的重要形式”。可以说，农村集体经济是农村集体成员利用集体所有的资源和资产开展各类经济活动的综合体现，是农村集体所有制在经济上的反映。而利用集体所有的资源要素开展各类经济活动的组织机构是农村集体经济组织，它是农村集体所拥有的各类资产和资源的管理运营主体，是农村集体所有权权能的行使主体，农村集体经济所有权的组织载体。《中华人民共和国乡村振兴促进法》第一章总则第五条提出，“国家巩固和完善以家庭承包经营为基础、统分结合的双层经营体制，发展壮大农村集体所有制经济。”这里提到的农村集体所有制经济指的就是农村集体经济。

土地集体所有基础上建立的农村集体经济组织制度，与村民自治组织制度相交织，构成了我国农村治理的基本框架，为中国特色农业农村现代化提供了基本的制度支撑。多种组织相交织的特性构成农村基层治理结构的现状，农村基层治理机制的改革与农村集体产权制度改革以及村民自治制度的完善密不可分。富有活力的新型农村集体经济组织是乡村振兴的经济基础，也是农村基层治理结构的重要组织基础。

二、发展新型农村集体经济，助推乡村振兴

发展新型农村集体经济，旨在更好地促进乡村振兴。

首先，要发挥党组织对新型农村集体经济组织的引领作用。农民群众的联合与合作需要有领头人。要以党建为根本，抓牢村级党员领导干部这一关键少数。群众的主体意识是逐步形成的，最初是在少数先进分子身上逐步形成的。他们应该是复合型人才，是农村的政治

家、社区管理工作者、农业企业家、农业先进生产力的代表。他们应该有对自己所掌握的权利、对法治、对道德准则的敬畏之心。政治组织、社会组织和经济组织的领导交叉任职，能加强党的一元化领导，减少决策成本、行政成本、运营成本，但三类组织的功能不能混淆。农村集体经济组织与村“两委”属于性质不同、权能不同的组织。村级党组织是执政党在农村的基层“党务性”组织，村民委员会是以办理公共事务为重点、为全体村民服务的基层“政务性”组织。农村集体经济组织是以土地等集体所有资产为纽带，承担土地承包、资源开发、资本积累、资产增值等集体资产经营管理服务等经济事务、由成员所组成的“经济性”组织，其功能与村级党组织和村民委员会截然不同。改革开放前的农村集体经济组织最大的问题是代理人掌握资产控制权，或集体的所有权虚置，中央一再强调，发挥村党组织对集体经济组织的领导核心作用，防止内部少数人控制和外部资本侵占集体资产。应着力强化农村党支部的领导权、领导力和领导权威，但党的领导力和领导权不是自封的，是在农村改革与发展实践中经老百姓检验和认可的，并且其权力受到了有效制衡。

其次，在深化农村集体产权制度改革的基础上，要制定合理的规章制度，健全激励机制，营造各类要素优化配置的组织与制度环境，构建各类农村经营主体合作共赢、平等的伙伴关系。在深化农村集体产权制度改革的前提下，实施乡村振兴战略，促进城乡融合发展，工商资本、技术、管理和人才下乡和上山也是必然的趋势。农村集体经济组织应通过符合市场经济规律的有效的制度安排使土地、资本、劳动、管理、技术等各类生产要素实现合理配置，各自取得相应合理的回报，使利益格局相对均衡，各类要素优化配置就具有可持续发展的坚实基础。

最后，新型农村集体经济要在农村搭建各类经营主体和社会组织发展壮大的平台，为农户和各类农业经营主体的运营提供服务。农村实践中，新型农村集体经济组织通过集体产权制度改革成为产权流转顺畅的现代企业组织，然而具有社区性、综合性特点的新型农村集体经济组织自己不能包打天下，而是搭建平台，使各类农村经营主体，包括跨越社区范围的农民专业合作社、其他多种所有制的经济组织及乡村自发性社会组织在这平台上发展壮大。

从长远看，公共财政必须覆盖农村，村干部可以交叉任职，但不同类型组织的功能和服务对象必须区分开来。农村土地属于农民集体所有。除此之外，在村党支部带领下，社区农村集体经济组织或村委会及下属的村民小组还管理和掌控农村的其他资源、公共基础设施以及其他公共品，如山林、水面、滩涂、道路、自来水、生产和生活用电、天然气、公厕以及公益用房（学校、办公室、运动场地等）等。

农户和各类农业经营主体的运营和发展往往离不开这些资源和公共品。社区农村集体经济组织或村委会要变管理为服务，为农户和各类农业经营主体的运营和发展提供力所能及的生产和生活保障。

改革开放之后的中国农村集体所有制是中国特色社会主义初级阶段公有制的一种重要所有制形态，深入探索发展新型农村集体所有制经济的重大理论与实践问题将为丰富习近平新时代中国特色社会主义思想的理论体系做出应有的贡献。

第九章　强化保障，落实全面推进乡村振兴各项任务

第一节　加强规划行动引领

一、巩固拓展脱贫攻坚成果

防返贫动态监测是守住脱贫群众返贫的重要防线，需要继续加大返贫风险排查力度。切实加强干部走访并建立排查台账，发挥网格员在返贫风险排查中的作用，探索大数据技术在部门信息比对中的应用，强化乡村振兴部门在部门信息比对中的统筹能力，规范风险研判机制，及时做到早发现、早干预、早帮扶。每年开展一到两次监测和帮扶大排查，确保帮扶及时、措施精准、风险消除。持续巩固“两不愁三保障”及饮水安全。持续开展易地扶贫搬迁后续扶持工作创新，发动搬迁群众参与社区治理，优化安置地公共服务体系建设，为搬迁群众融入社会营造更好环境。加大巩固拓展脱贫攻坚成果同乡村振兴有效衔接第三方评估的结果运用。

巩固拓展脱贫攻坚成果，是乡村振兴的前提和基础。深入学习贯彻党的二十大精神和党中央决策部署，河北省委、省政府将巩固拓展脱贫攻坚成果放在突出位置，建立健全巩固拓展脱贫攻坚成果长效机制，坚持抓重点、补短板、强基础，接续推进脱贫地区发展和乡村全面振兴，让人民群众生活越来越红火。

（一）健全防贫监测帮扶机制，牢牢守住不发生规模性返贫底线

早发现、早干预、早帮扶。河北畅通农户申报、基层排查、部门筛查3类渠道，面向所有农村人口开展集中排查，精准认定监测对

象、精准实施帮扶救助。像赵宏霞这样的防贫网格员，全省有 27.7 万名，他们守在防止返贫第一防线，对监测对象和建档立卡脱贫人口，每月入户走访，宣讲防贫政策，逐户登记收支变化，核实“两不愁三保障”、产业就业等帮扶落实情况，确保脱贫不稳定户、边缘易致贫户和突发严重困难户得到及时针对性救助。

健全监测帮扶机制，牢牢守住不发生规模性返贫底线。在工作中突出四个字——“早、宽、简、实”。早就是早发现、早干预、早帮扶；宽就是放宽认定条件，将符合条件的困难户全部纳入监测对象，能纳尽纳；简就是简化工作流程，将认定时间从 1 个月缩短至 15 天，同时开辟“绿色通道”；实就是缺什么补什么，把帮扶措施落在实处，精准帮助老百姓渡过难关。截至目前，13.8 万监测对象中已有 6.7 万稳定消除风险，风险消除比例达 48.5%。全省连续三年没有发生返贫致贫问题。

让脱贫基础更加稳固、成效更可持续。2022 年，河北完善省级衔接政策 78 个，下达省级以上财政衔接资金 113.3 亿元。强化重点帮扶县倾斜支持，下达 62 个重点帮扶县省级以上衔接资金 104.9 亿元，占资金总量的 92.6%。支持原 45 个国定贫困县用地指标 2.7 万亩。

（二）培育壮大特色产业，让脱贫群众生活更上一层楼

脱贫摘帽不是终点，而是新生活、新奋斗的起点。河北坚持把增加脱贫群众收入作为根本措施、把促进脱贫县加快发展作为主攻方向，采取培育壮大帮扶产业、着力促进稳岗就业、加强易地搬迁后续扶持等措施，不断缩小收入差距、发展差距，让脱贫群众生活更上一层楼。

农业龙头企业一头连着市场、一头连着农户，是产业发展的关键环节。2022 年，河北强化脱贫地区龙头培育，发挥农业新型经营主体在产业脱贫中的突出作用，实现由主体带动全覆盖向高收益带动转变。着力培育 15 家省级龙头企业、40 家示范家庭农场、100 家示范合作社，打造规范运营、标准化生产和联农带农的标杆式示范主体。强力推进乡村振兴大招商，全省乡村振兴系统招引项目 199 个、总投资801亿元。探索头部企业深度参与县域乡村振兴新模式，促成京东集团与柏乡县、阿里集团与魏县合作建设“农产品智能产地云仓”。

就业是巩固脱贫攻坚成果的基本措施。河北有针对性地开展技能培训，用好脱贫劳动力就业网络服务平台，有组织开展劳务输出，多措并举抓好脱贫劳动力稳岗就业。与阿里巴巴签订“雨露计划”就业促进合作协议，河北成为全国“雨露计划+”就业促进行动3个试点省份之一。2022年，全省脱贫人口和监测对象务工92.08万人，超额完成年度任务。

（三）稳妥推进乡村建设，建设宜居宜业和美乡村

聚焦“在巩固拓展脱贫攻坚成果、全面推进乡村振兴上走在全国前列”目标要求，河北省乡村振兴局加快推动工作重心转移，把工作对象转向所有农民、工作任务转向推进乡村“五大振兴”、工作举措转向促进发展。系统谋划了中国式现代化河北宜居宜业和美乡村建设场景和行动方案，加快建设宜居宜业和美乡村。下达省级财政衔接补助资金6.8亿元，在正定等19个县（区）开展有效衔接示范区创建。石家庄市鹿泉区、唐山市丰南区、阜平县、保定市阜平县、邯郸魏县入选全国乡村振兴示范县创建名单。落实国家和河北省乡村建设行动实施方案，开展乡村建设信息数据采集，截至2022年12月25日，采集工作全部完成，共采集4.8万个行政村、约1 500万户，下一步加强与河北省科学院在信息数据采集、数据挖掘利用、后期动态维护等方面合作，进一步提高乡村建设管理水平。

二、推动乡村产业高质量发展，夯实乡村振兴经济基础

要以市场为导向，继续优化农业产业结构调整，延伸产业链，建设产业集群。强化绿色、有机、地理标志和达标合格农产品建设，逐步发挥产业集聚效应和规模效应。发挥国家级、省级农业园区的示范引领作用，培育更多省级、国家级农业龙头企业。加大地方农特产品研发，强化种源保护工作。做好区域公共品牌开发、运营和保护。进一步优化“政府+企业+村集体+脱贫人口”的“四位一体”利益联结

机制，明确新建产业项目联农益农绩效目标，将脱贫家庭劳动力安排到产业组织和产业链中，提升群众参与产业发展的能力，增加脱贫群众在产业发展利益联结中的广度和深度。

乡村振兴，产业先行。自 2022 年农业产业化创新先行县创建工作开展以来，石家庄深入贯彻落实省相关要求，紧紧围绕强化政策创新、建设加工园区、广泛招商引资、服务项目落地等方面进行创建工作，将正定县打造为布局合理、特色鲜明、要素集聚、利益联结稳定的农业产业化创新先行县。

在市委、市政府的支持和指导下，正定县立足县域资源禀赋和产业区位优势，着力聚集产业链龙头企业、重点项目等关键环节，集中政策、资金、土地等要素资源，充分依托农业产业龙头企业、农业示范园区和产业项目集群，在农业产业“强链、延链、补链”上补短板、强弱项、抓创新、促提升，重点打造中央厨房（主食加工）、都市休闲农业、优势种养、中药材等主导产业，产业链条进一步延伸，价值链向中高端跃升，产业结构逐步优化，产业集群效应初步显现，产业融合机制更加健全。

正定县通过“一个围绕，两个推进，三个突出，一个着力点”等一系列措施，带动全域农业产业提档升级。围绕发展现代农业，运用现代科技、管理要素和服务手段，改造提升传统的农产品加工业培育模式，形成生产、经营、管理、服务、高效的工作机制。推进政策引领，出台制定一系列招商引资奖补政策，吸引外来资本进入。推进产业链条延伸，支持农产品加工企业以优势品牌为纽带，参与标准化、规模化生产基地建设，重点发展以订单模式化生产、精深加工和物流节点为主的全链条现代特色产业。突出特色，打造中央厨房农产品加工集群。突出差异，让产品能够满足不同消费人群的多种需求。突出多样，结合正定全域旅游，搭建农产品销售平台，打造具有正定特色、正定味道的农产品。依托正定全域旅游和展会经济，不断组织开展农业加工业系列重大活动，找准着力点，推动农产品加工业再上台阶。

三、持续改善农村人居环境，建设美丽宜居乡村

要切实发动村民参与人居环境建设，按照乡镇统筹、村组落实、党员带头、全员参与、注重长效的原则，持续推动人居环境整治即时化、动态化，管护常态化、制度化，不断刷新乡村“颜值”。特别是要发挥好公益性岗位在防返贫和乡村人居环境建设中的双重作用。探索乡村规划、公共服务设施共谋、共建、共管、共评、共享的多元体制机制。因地制宜制定乡村规划，发挥规划引领乡村建设作用，打造一个以山水林田湖草沙为生命共同体的农村立体环境空间。

人居环境整治，农村是主战场，村民是主力军。近年来，石家庄市不断创新治理新招，建立以党员示范、干部行动、榜样带动、群众互动的“党建+”新模式，形成以党支部主导、党群共治、家家户户参与的常态化治理环境，逐步养成房前屋后干净整洁、农资农具收纳整齐、生活垃圾分类处置的良好生活习惯，让乡村人居环境增添了“颜值”、提升了“气质”。

四、深入推进文明乡风行动，塑造风清气正新风尚

大力开展“推进移风易俗，树立文明乡风”专项行动。近年来，文明乡风建设形成了一些可复制、可推广的做法，如有的地方通过红白理事会实体运行，引导村民遵守移风易俗行动规定，不能大操大办、滥办酒席、高价彩礼等，村民精神面貌焕然一新，群众内生动力逐步激发并得以释放。有的地方着眼长效机制，创新方式方法，党员干部带头，强化法治、自治、德治“三治融合”作用，使得文明风尚更加浓厚。各地要根据村情，因地、因时、因人制定移风易俗行动方案，避免一刀切、急功近利、大冒进等做法。加大经验总结和推广，评选更多先进个人，发挥示范带头作用。

2023 年 3 月 10 日，石家庄市农业农村局组织干部职工开展“助力脱贫攻坚、推进文明乡风”志愿服务活动，赴石家庄市平山县杨家湾村开展卫生清扫、文明宣讲志愿服务活动。

当天上午，农业农村局 30 余名志愿者集体乘车赴对口扶贫村，路上大家集体学习了志愿服务知识和相关服务要求。随后，志愿者分成 5 个小组前往村民小组、农家院落开展卫生清扫、文明宣讲、宣传单发放等活动。活动持续两个多小时，共清扫村里道路 5 条，帮助数十户村民清理了院落垃圾，发放文明宣传单 80 多份，向全村村民讲解了防火和农村环境建设等方面知识。此次活动紧贴实际、效果良好，既改善了村容村貌，又增进了干群、邻里关系，更让广大村民了解了环境卫生、防火等知识，有力推动了幸福文明和谐新农村建设。

五、加强乡村治理体系和能力建设，探索乡村善治之路

要紧紧围绕建立健全党委领导、政府负责、民主协商、社会协同、公众参与、法治保障、科技支撑的现代乡村社会治理体制和自治、法治、德治相结合的乡村社会治理体系，健全常态化管理和应急管理动态衔接的基层治理机制，推行网格化管理、数字化赋能、精细化服务，提高乡村治理社会化、法治化、数字化、专业化水平。逐步加大乡村治理数字化水平，同时又要避免过度数字化。加强基层党组织建设，把基层党建与乡村治理深度融合起来，加大村级集体经济经营管理培训和指导，切实发挥党建在乡村治理中的引领作用。引导干部回乡参与乡村规划、乡村治理等事务。

乡村网格化管理要切实落地，发挥广大网格员参与乡村治理的作用。鼓励并引导移动、联通、电信等企业积极深度参与数字乡村建设。

第二节　健全乡村振兴推进机制，推动责任落实

一、强化动态监测机制

严格落实“四个不摘”要求，完善并落实好防止返贫动态监测和低收入人口常态化帮扶机制，优化识别程序，提高监测灵敏度，做到

及时发现、快速响应。定期开展“3+1”保障大排查，及时补齐短板、消除风险，牢牢守好不发生规模性返贫的底线。

二、强化产业联结机制

立足资源优势，围绕“一县一业”“一乡一品”因地制宜发展特色产业，支持家庭农场、种养大户发展适度规模经营，推广“龙头企业+合作社+农户”发展模式，培育一批“种养加”专业村。进一步壮大村级集体经济，加强产销对接，打通利益联结机制，全力构建契约型、股权型、分红型联结关系，带动更多农户参与经营。盘活农村闲置资源资产，拓宽农民经营性和财产性增收渠道。

三、强化就业帮扶机制

深入实施农户增收攻坚行动，提高政府组织化程度，稳定外出务工就业，拓宽就近就地就业。支持在交通、水利、能源、农业农村、城镇建设、生态环境、灾后重建等工程领域实施以工代赈，将以工代赈项目投入的劳务报酬比例提高到20%以上。加大职业技能培训力度，有序引导大学毕业生到乡、能人回乡、农民工返乡、企业家入乡创业。

日前，河北省石家庄市人社局、发改委、财政局、农业农村局、乡村振兴局联合出台了二十条政策措施，进一步支持农民工就业创业。据了解，石家庄将加强政策扶持，稳定拓展农民工就业岗位。全面落实阶段性社保费缓缴、稳岗返还、社会保险补贴等政策，重点支持农民工就业集中的建筑业、制造业、服务业企业渡过难关，加速推进吸纳农民工就业数量较多、成效较好的项目落地。

树立劳务品牌，提高农民工就业质量。围绕36个重点产业集群，结合本地资源禀赋、文化特色、产业基础等优势，打造一批全国知名劳务品牌，创建一批省级、市级劳务品牌。借助品牌效应扩大劳务输出规模，发挥示范引领作用，助力县域经济发展。

石家庄市将建强服务载体，推进有组织劳务输出。在农民工及脱贫人口输出较多的县、乡、村和就业集中地区，合理设置就业服务站点，扩大就业服务供给。充分发挥人力资源服务机构促就业作用，为农民工提供高效率、低成本、全流程的劳务输出服务。

同时，实施重点群体创业推进行动，为返乡创业农民工提供政策咨询、开业指导等专业化服务，推动创业担保贷款等政策“打包办”“提速办”。

四、强化易地搬迁后扶机制

持续深化“五个体系”建设，全力统筹做好搬迁户就业、城镇融入、子女就学、社区治理等工作。加快盘活农村“三块地”，完善安置地基本公共服务，扎实做好各类社会保障有序转移接续工作，确保搬迁群众稳得住、有就业、能致富。

易地扶贫搬迁后续扶持工作，是巩固拓展脱贫攻坚成果，实现同乡村振兴有效衔接的重要举措。从省发展改革委获悉，2022 年以来，河北围绕易地搬迁安置区基础设施和公共服务、产业发展、群众就业、社区管理、权益保障等重点内容，探索创新、真抓实干，用心用情用力推进易地扶贫搬迁后续扶持工作，取得积极成效。

因地制宜发展产业、推进就业是易地扶贫搬迁重要的后续扶持措施。目前，全省共配套建成各类后续产业设施 606 个，其中扶贫车间 84 个、工业园区 30 个、农牧业产业基地或园区 473 个、商贸物流园区或冷链仓储基地 10 个、旅游产业发展项目 9 个。扶贫车间带动就业 1 688 人、周边基地园区龙头企业等带动就业 7 877 人。

各地精准实施技能培训，积极开发就业岗位，强化劳务对接服务，落实贷款、补贴政策，千方百计促进搬迁群众就业创业。目前，全省有劳动力的搬迁建档立卡家庭 30 318 户、劳动力 60 262 人，已就业 30 318 户 55 989 人，有劳动力的搬迁建档立卡家庭全部实现至少一人就业。

五、强化帮扶协作机制

聚焦“产业协作、劳务协作、消费协作、人才支持”四项任务，用好东西部协作联合会商工作机制，清单化对接、项目化协作，扩大组团式帮扶范围，进一步提高协作成效，打造东西部协作的典范。做好定点帮扶和社会帮扶，推动国家和省级乡村振兴重点帮扶县加快发展。

六、强化示范带动机制

加强乡村建设，以实施乡村庭院美化行动为抓手，一体推进农村厕所革命、污水处理和生活垃圾治理，建设宜居宜业和美乡村。以社会主义核心价值观为引领，加强农村法制教育、思想道德教育、公共文化建设，培育文明新风、良好家风、淳朴民风。建立健全现代乡村社会治理体系，促进乡村社会充满活力、安定有序。坚持示范带动，抓好省级、州级 54 个乡村振兴集成示范试点项目的运营管理、机制完善，扎实推进乡村振兴示范点建设，以“百村示范”带动创新、积累经验、推动振兴。

第三节　扩大农业农村有效投资，强化财政投入

2023 年 2 月 21 日，农业农村部发布《关于落实党中央国务院 2023 年全面推进乡村振兴重点工作部署的实施意见》（以下简称《实施意见》），共八方面 38 条。文件强调，在工作布局上，重点推进产能提升和结构优化、成果巩固和农民增收、乡村建设和乡村治理 3 个协同。在强化保障方面，文件提出要扩大农业农村有效投资，推动财政支农投入稳定增加，将符合条件的乡村振兴项目纳入地方政府债券支持范围。

全面推进乡村振兴，加快建设农业强国，需要真刀真枪地干，需要真金白银地投，要形成政策合力和工作合力。2023 年中央一号文件对多元投入机制进行了强调和部署，明确扩大乡村振兴投入，继续把农业农村作为一般公共预算优先保障领域，中央预算内投资进一步向农业农村倾斜，压实地方政府投入责任。支持地方政府发行政府债券

用于符合条件的乡村振兴公益性项目。强化乡村振兴金融服务。

落实中央一号文件意见，《实施意见》从3个层次明确了扩大农村有效投资的路径。

一、强化财政投入

推动财政支农投入稳定增加，落实提高土地出让收益用于农业农村比例政策要求。扩大乡村振兴票据发行规模，将符合条件的乡村振兴项目纳入地方政府债券支持范围。

二、撬动金融投入

持续推进农业经营主体信贷直通车服务，加快农业生产经营信息库建设，支持农村数字普惠金融发展。鼓励金融机构增加乡村振兴贷款投放，重点用于高标准农田、设施农业、农产品仓储、保鲜冷链物流设施等农业农村基础设施建设。

三、引导社会资本投入

制定社会资本投资农业农村指引，明确投资重点产业和领域。健全政府投资与金融、社会投入联动机制，完善农业农村基础设施融资项目库，吸引更多资本投向农业农村。

《实施意见》还特别提出，开展设施农业贷款贴息试点，通过发行地方政府专项债、政策性金融等方式拓宽资金渠道，鼓励将符合条件的项目打捆打包按规定由市场主体实施，撬动金融和社会资本更多投向设施农业。

第四节　强化乡村振兴人才支撑，加强高层次人才培养

一、强化乡村振兴人才支撑

(一) 实施“头雁”工程，培养农村基层党组织带头人

紧盯农村基层党组织书记这个“领头雁”，本着“重选拔、严管

理，重实绩、严考核，重激励、严约束”的原则，集中解决农村基层班子成员尤其是村党组织书记选、育、用、管等方面的突出问题，着力打造一支忠诚、干净、敢担当的农村基层党组织带头人队伍，真正让这支队伍正起来、强起来、活起来。

（二）严格选拔任用

围绕“讲政治、守规矩、重品行、有本事、敢担当”标准，严把入口关，注重从本村优秀现任村干部、致富能手、退役军人、回乡创业企业家和大学生、农民合作组织负责人的党员中选拔村党组织书记。持续优化队伍年龄和知识结构，新任村党组织书记一般应具有高中以上学历、年龄在 50 周岁以下；每年对村党组织书记进行一次集中轮训。

（三）培养后备力量

坚持把政治标准放在首位，加大年轻党员发展力度，每年发展 40 周岁以下的农村党员数不少于农村新发展党员总数的 60%，2022 年全面消除三年以上未发展党员村。持续开展村干部专科学历教育。开展“英才储备”行动，建立后备人才递进培养机制，建立村党组织书记后备人才库，后备人选原则上应具有高中（中专、中技）以上学历，年龄 45 周岁以下、党龄两年以上，其中女性数量不低于 20%。

近日，河北省石家庄市正式启动“农科专家太行行”专项行动，揭开了 2023 年“百名专家服务基层”系列活动的序幕，石家庄市人社局计划今年开展专家服务基层 350 场次以上。“农科专家太行行”专项行动旨在为石家庄市西部太行山区县农业发展、农民增收提供人才智力支撑，计划全年对接帮扶 10 个经营组织、合作建设 20 个高产高效示范区、示范推广 30 个以上最新农业品种和关键技术，在太行山农业区建立 5 个以上“乡村振兴专家工作站”、设立 10 个“乡村振兴课堂”，有效助力太行山区农业发展和乡村振兴。

全面推进乡村振兴，促进县域经济发展，乡村振兴带头人和高素质农民发挥带动作用至关重要。截至目前，石家庄市共建成 19 个专家服务基层示范基地，2022 年开展专家服务基层活动 300 余次。

（四）提高薪酬待遇

坚持提升基本报酬、强化绩效奖励、养老保险补贴相结合，不断完善激励保障机制。年度考核合格的村党组织书记每人每年基本报酬和业绩考核报酬总和，不低于上年度农村居民人均可支配收入的2倍，所需资金全部由县级以上财政支出作为保障。突出差异化、激励性，健全完善村党组织书记业绩考核办法，根据实际任职时间和考核结果确定绩效奖励数额，原则上按年度发放，鼓励按月、季度或每半年发放。实行在职村党组织书记参加养老保险制度，完善财政补贴数额与村级党组织评星定级、绩效考核等挂钩机制。

二、吸引在外人才返乡创新创业

（一）广开门路引人才

依托现有的招才引智工作站，开展外出务工经商人员创业状况调查，掌握籍贯地、发展情况等数据信息，其中对从事实体经济的企业家或世界500强、中国500强、民企500强平邑籍股东、高管等高端“归雁”，定期联系走访。发挥驻外流动党员党组织、各地商会作用，利用传统节日、旅游文化活动和重大经贸活动，积极招贤纳士。驻外流动党员党组织和商会每年至少提报20条有意回乡创业的外出能人线索。支持以“雁”引“雁”，对“归雁”人才依托自身优势引进的上下游配套产业项目或管理人才，享受“归雁”相关支持政策。

（二）瞄准产业选人才

依托特色优势产业，制定重点需求清单，锁定目标产业和企业，精准化开展乡村振兴“双招双引”活动，组织有意愿返乡创业的“归雁”人才到本地企业实地考察，推介重点产业、优势资源、优质项目，吸引他们回乡开展技术合作、技术咨询、成果转化及产业发展等工作。鼓励和引导返乡人员结合自身优势和特长，利用新理念和新技术，开发农业农村资源，发展优势特色产业。重点支持发展规模种养业、特色农业、设施农业、田园综合体等现代农业生产经营，产地初加工、精深加工等农产品加工业，农资配送、农产品流通、农村电商等生产性服务业，休闲农业、乡村旅游、医养健康等生活性服务业，以及其他新产业新业态。

（三）搭建平台留人才

按照政府搭建平台、平台聚集资源、资源服务创业的思路，依托现代农业园区、田园综合体等平台载体，为“归雁”人才施展才能提供广阔的舞台空间。探索实行“乡村振兴合伙人”发展模式，引导“归雁人才”通过投资、技术服务、入股以及招商等形式，发展新产业、新业态，以及通过合同约定享有乡村项目优先开发权等。加强对“归雁”人才的创业指导和服务，实行“一个人才一名干部帮扶”机制，帮助他们解决在回乡创业中遇到的困难问题，让“归雁”人才回得来、留得住。

三、突出抓好本土人才培育

（一）完善评价标准

区分生产型、经营型、技术服务型、社会服务型和技能带动型等不同类型，分别建立本土农村实用人才信息库。坚持服务发展、来自一线，围绕当地产业发展需要，制定“鸿雁”人才标准，重点从粮食作物、蔬菜、林果、中药材等种植高手，畜禽、水产等养殖能手，农业生产技术服务人员，农业职业经理人、经纪人，乡村工匠、文化能人和非物质文化遗产传承人中选拔，真正选拔出示范带动作用强、社会广泛认可的优秀乡村实用人才。

（二）提升职业技能

拓宽“鸿雁”人才输送渠道，实施职业农民技能提升计划，通过纳入提高就业创业能力培训、新型职业农民培训、农村实用人才培训、雨露计划等培训计划，发展壮大新型职业农民队伍，不断从中发掘和储备“鸿雁”人才。实施“鸿雁”人才素质能力提升计划，组建“鸿雁”专家指导团队，采取专家“会诊”、上门指导、结对帮扶等，为“鸿雁”人才提供专业技术指导和服务；组织开展远程教育、专项培训和实地考察学习等，促进“鸿雁”人才知识更新和能力提升；委托农广校和职业中专开展专业教育和专项技能培训，提高培训的专业化、标准化水平。注重发挥传帮带作用，支持“鸿雁”人才按领域成立各类“鸿雁”协会，定期举办经验交流会，搭建信息、技术交流沟通平台。

为发挥好职业教育的特色学科优势，精准对接产业需要，培养本土专业人才，近日，石家庄市栾城区与河北交通职业技术学院签署合作协议，将在栾城区建设河北交通职业技术学院新校区，共同谱写校地合作共建、携手共赢新篇章。

近年来，栾城区始终把职业教育作为重要的发展工程和民生工程来抓，积极推进职业教育特色化发展，探索“把学校办在工厂、把工厂办在学校”人才培养模式，通过专门设置机电技术应用、生物医药专业等特色学科，提出专业技术、技术管理等专项培养方案，不断提升本土技术人才与区域产业发展“匹配度”和技术专业的“含金量”，创出了技术人才就业与提升的双赢“新路子”。

与此同时，在校企协同育人、资源共建共享、高素质技术技能人才培养等方面，栾城区紧贴区域企业发展需求，不断探索校企合作新方式，通过实行“订单式”培养专业技能人才和开设定向培养班等方式，打通校企合作双向培养新通道。目前，在区有关部门指导下，栾城区职业教育中心成功与神威药业、海尔集团、河北电机、南车集团、格力家电等知名企业签订了联合办学协议，有力拓宽了技术人才的就业空间。

（三）加强培育引导

坚持上下联动、逐级选拔，建立优秀农村实用人才选拔制度。鼓励推行以赛代评，每年举办“鸿雁人才”技艺技能大赛，优胜者给予表扬和奖励，并推荐参加上一级评选。

四、推动新型经营主体健康发展

（一）规范发展农民专业合作社

坚持以示范创建促发展，梯次开展国家、省、市三级农民专业合作社示范社创建活动，每年创建县级示范社。引导合作社规范内部管理、提升服务能力，加快由注重数量向注重质量转变、由注重外在形式向强化内在功能转变、由简单生产合作向全链条融合转变。支持合作社以土地、资金、劳动、技术、产品等为纽带，开展多种形式的联合合作，鼓励组建农民专业合作社联合社，促进各类主体多业融合、抱团发展。

（二）重点支持家庭农场建设

鼓励大学毕业生、外出务工农民等回乡创办家庭农场，引导有一定规模的种养专业大户向家庭农场转型，重点支持经营规模相当于普通农户 10~15 倍的家庭农场，每年创建县级家庭农场示范场 8 家。落实家庭农场年报制度，支持家庭农场领办合作社，鼓励具备一定条件的向公司制企业发展。

（三）做大做强龙头企业

对涉农龙头企业进行梳理排查，筛选确定一批发展潜力大、辐射带动作用强的企业实行挂靠帮包，引导它们通过兼并重组、合作联盟、上市融资等方式做大做强。坚持以精深加工为主攻方向，积极引导企业加快技术改造升级，新建农产品精深加工项目按现有工业招商引资政策给予补助。重点围绕粮油、果品、茶叶、中药材等特色农产品，支持贮藏保鲜、冷链运输、烘储加工等企业到主产区建原料、仓储、物流基地，实现农产品初加工与深加工有序衔接。

（四）培育社会化服务组织

加快为农服务中心建设，构建综合性、规模化、可持续的为农服务体系，实现农民组织化与服务规模化的有机衔接。鼓励村集体经济组织、专业化农业服务组织、服务型农民合作社等，针对农机作业、统防统治、种苗推广、仓储烘干等环节提供社会化服务，把小农户生产引入现代农业发展轨道。加大对服务性经营主体的支持力度，充分发挥基层农技推广队伍在农技推广、动植物防疫、农产品质量安全监管等方面的作用，不断提高服务水平质量。

2023 年 2 月 8 日，河北省石家庄市供销合作社召开系统工作会。

会议回顾总结了全市系统 2022 年工作，分析了存在的问题和当前面临的形势，会议指出，2023 年，石家庄市供销合作社系统将坚持稳中求进工作总基调，持续深化综合改革，积极构建和完善农业生产社会化服务体系、农村现代流通体系、农村产权交易体系、再生资源回收体系、基层组织体系、社属企业经营服务体系等，形成中国式现代化石家庄供销场景，实现发展质量更高、效益更好、速度更快，为加快建设现代化、国际化美丽省会城市贡献供销力量。

会议要求，全市系统要构建多元高效的农业生产社会化服务场景，适应全面乡村振兴需要，围绕服务保障国家粮食安全大局，持续增强农业生产社会化服务能力，更好地满足农民需求，在促进小农户和现代农业发展有机衔接、实现乡村振兴中发挥应有作用；要构建功能完善的农村现代流通体系场景，做实做强流通主业，提升"工业品下行"和"农产品上行"能力；要构建阳光公正的农村产权交易体系场景，进一步加强农村产权市场建设，完善农村产权流转交易体系，充分激活农村集体资产，增加农村集体财产性收益；要构建规范有序的再生资源回收体系场景，进一步加强再生资源回收体系建设，规范再生资源回收行业秩序，建立科学完善的长效监管机制，优化市场环境，改善城乡面貌和形象；要构建紧密联农的基层组织体系场景，进一步增强基层组织功能，实现提质增效，助力全面乡村振兴；要构建充满活力的社属企业经营服务体系场景，加快社有企业转型升级、提质增效，坚定不移做强做优做大社有企业。

五、推动人才下乡

受国际政治经济环境多变、疫情反复、经济复苏乏力等诸多因素叠加影响，2022 年我国城市部分行业特别是接触性服务业用工需求下降，一些农民工返乡就业。针对这一情况，农业农村部门大力发展乡村产业，落实就业帮扶政策，促进返乡农民工就地就近就业。从监测情况看，截至 2022 年 6 月底，返乡农民工就地就近就业达到 90.7%。乡村振兴，呼唤人才也造就人才。《"十四五"农业农村人才队伍建设发展规划》提出，到2025年，培育100万名农村创业带头人和1 500万名返乡入乡创业人员共同绘就乡村壮美图景。如何推动人才下乡、返乡、兴乡，如何带动各类人才在乡村振兴广阔天地中大显身手，是当前各级地方政府、各涉农高校、各农业用工企业需要共同面对的考验。

用有温度、有力度的引才政策推进返乡就业。要想让更多有抱负、有能力的返乡人员留得住、干得好，就应设身处地为返乡人员着想，积极回应他们的具体诉求。近年来，中央和地方相继出台的一系列就业支持政策。一方面充分保障社保、住房、教育、医疗等公共服务顺畅接入乡村，另一方面持续凝聚政策合力，带动资金、技术等要素加速向乡村汇聚，为各项政策落地开花提供了重要保障。

河北万通技工学校人才下乡送技术，打通乡村振兴“最后一公里”。技能人员深入乡村“把脉开方”，认真开展检查维修排除隐患，普及汽车维修等专业知识。近日，石家庄经济技术开发区联合河北万通技工学校充分发挥技能优势，组织专业技能教师和学生，为村民提供职业技工学校组织开展技能培训和汽车维修服务活动，让广大群众享受到人才技术下乡、服务下沉带来的实惠，以提升村民的获得感与幸福感。

“这种技能下乡活动非常好，能学到很多汽修知识和汽修技能，还能免费检查汽车，清洗空调，排查各种隐患，希望以后多举办这样的活动。”也有村民表示，“足不出村就能学到一技之长，要好好珍惜这个学习机会，规划以后的致富之路”，附近村民纷纷点赞说道。据了解，自2023年1月以来，河北万通技工学校人才下乡送技术已经走访了19个村庄，开展下乡服务近千次。

应该看到，农业农村人才发展迎来了前所未有的良好环境，但乡村与各类人才“双向奔赴”的过程仍充满荆棘和挑战，既考验各地出台政策的匹配度和落实政策的精准度，也考验各类人才是否有攻坚克难、勇毅前行的信念感。在借助引才政策、就业指导培训吸引各类人才向乡村汇聚的基础上，各地区还应充分结合已实施政策的敏感度进一步提升扶持政策的实效性，并力求为返乡人才提供办公、融资、管理等全要素的便利化服务，打通人才返乡“最后一公里”，让梦想之花在田垄阡陌、鸟语虫鸣间绚丽绽放，让产业兴旺、生活富裕的美好蓝图走进现实。

第五节　加强农业农村法治建设，完善法律法规

民族要复兴，乡村必振兴。解决好“三农”问题是作为全党工作重中之重，全面推进乡村振兴是实现中华民族伟大复兴的一项重大任务，让广大农民过上更加美好的生活。

走中国特色社会主义乡村振兴道路，要充分发挥法治在我国农业农村现代化进程中固根本、稳预期、利长远的重要作用，全面推进农业农村法治建设，有效发挥法治对农业高质量发展的支撑作用、对农村改革的引领作用、对乡村治理的保障作用、对政府职能转变的促进作用，为全面推进乡村振兴、加快农业农村现代化提供了有力法治保障。

为深入贯彻习近平法治思想，落实党中央、国务院决策部署，坚持依法治农、依法护农、依法兴农，2021 年 4 月农业农村部印发了《关于全面推进农业农村法治建设的意见》，明确到 2025 年农业农村法治建设的总体目标，并从完善农业农村法律规范体系、提高农业执法监管能力、提升农业农村普法实效、依法全面履行职能、强化农业农村部门依法治理能力 5 个方面，提出了强化重点领域立法、严格规范性文件合法性审核等 15 项重点举措。

积极推动完善农业农村法律法规体系，将中央强农、惠农、富农政策举措和改革成果法定化，稳定和完善了农村基本经营制度，巩固了农业基础地位，为规范、引领和推动“三农”工作提供了根本性、全局性、战略性制度保障，在促进现代农业发展、维护农村和谐稳定、保护农民合法权益等方面发挥了重要作用。2023 年 3 月《党和国家机构改革方案》的出台，优化了农业农村部职责。为统筹抓好以乡

村振兴为重心的“三农”各项工作，加快建设农业强国，将国家乡村振兴局的牵头开展防止返贫监测和帮扶，组织拟订乡村振兴重点帮扶县和重点地区帮扶政策，组织开展东西部协作、对口支援、社会帮扶，研究提出中央财政衔接推进乡村振兴相关资金分配建议方案并指导、监督资金使用，推动乡村帮扶产业发展，推动农村社会事业和公共服务发展等职责划入农业农村部，在农业农村部加挂国家乡村振兴局牌子。

2022 年 5 月 25 日，河北省司法厅召开全省司法行政系统服务保障法治乡村建设工作会议，进一步明确下一步司法行政系统服务保障法治乡村建设工作任务。在推动出台全省《关于加强法治乡村建设的实施意见》基础上，制定出台《关于服务保障法治乡村建设的实施意见》，进一步压实司法行政部门服务保障法治乡村建设工作责任。近年来，河北省各项公共法律服务资源逐步向县乡转移下沉，涉农领域立法不断完善，乡村法治宣传教育持续深化，基层法治创建工作规范有序，乡村矛盾纠纷化解成效显著，“乡村振兴　法治同行”活动扎实开展，为法治乡村建设保驾护航。

主要参考文献

丁毅，2021. 乡村振兴背景下农村金融发展质量提升与政策优化研究［M］. 北京：中国农业出版社.

樊文水，徐东森，唐伟尤，等，2022. 新时代乡村振兴之三农政策［M］. 北京：中国农业科学技术出版社.

傅思明，2022. 乡村振兴相关政策一本通［M］. 北京：人民出版社.

国家乡村振兴局政策法规司，全国扶贫宣传教育中心，2022. 巩固拓展脱贫攻坚成果同乡村振兴有效衔接政策解读（上）［M］. 北京：中国农业出版社.

何德才，张红，路明明，等，2022. 新时代乡村振兴战略政策与实践［M］. 北京：中国农业科学技术出版社.

孔令刚，等，2021. 乡村振兴战略背景下的农业支持保护政策研究［M］. 北京：光明日报出版社.

李根强，王平，李红俊，2022. 乡村振兴之“三农”政策［M］. 北京：中国农业科学技术出版社.

廖睿灵，2023-3-2. 全力抓好粮食生产，严防“割青毁粮”［N］. 人民日报海外版（4）.

全国干部培训教材编审指导委员会办公室，2022. 乡村振兴政策法规解读［M］. 北京：中国农业出版社，农村读物出版社.

万忠，等，2022. 乡村振兴的制度供给与政策保障：总体思路、目标模式与基本框架［M］. 北京：中国农业出版社.

王凤，2022. 乡村振兴政策解读［M］. 合肥：安徽科学技术出版社.

王颂吉，等，2023. 乡村振兴政策解读与案例选编 [M]. 北京：中国经济出版社.

王伟然，王秀然，2022. 农业农村科技政策引领乡村振兴研究：基于青岛实践 [M]. 兰州：兰州大学出版社.

叶乃好，庄志猛，王清印，2016. 水产健康养殖理念与发展对策 [J]. 中国工程科学，18 (3)：101-104.

张琦，2022. 中国乡村振兴政策与实践热点评论 [M]. 北京：经济日报出版社.

张泽华，2022. 乡村振兴政策法律100问 [M]. 北京：法律出版社.